Bibliografische Information der Deutschen Nationalbibliothek
Die Deutsche Nationalbibliothek verzeichnet diese Publikation in der Deutschen Nationalbibliografie;
detaillierte bibliografische Daten sind im Internet über http://dnb.d-nb.de abrufbar.

Impressum

Jörg van Norden, Thomas Must, Lars Deile, Peter Riedel, Susan Krause & Wanda Schürenberg (Hrsg.)
Geschichtsdidaktische Grundbegriffe
Ein Bilderbuch für Studium, Lehre und Beruf

1. Auflage 2020

© 2020. Kallmeyer in Verbindung mit Klett
Friedrich Verlag GmbH
D-30159 Hannover
Alle Rechte vorbehalten.
www.friedrich-verlag.de

Redaktion: Dirk Haupt, Leipzig
Realisation: Nicole Neumann
Druck: BELTZ Grafische Betriebe GmbH, Bad Langensalza
Printed in Germany

ISBN: 978-3-7727-1432-0

Jörg van Norden, Thomas Must, Lars Deile, Peter Riedel,
Susan Krause & Wanda Schürenberg (Hrsg.)

Geschichtsdidaktische Grundbegriffe

Ein Bilderbuch für Studium, Lehre und Beruf

Klett I Kallmeyer

Grundbegriffe

Der Verlag orientiert sich bei der Genderschreibweise an den Empfehlungen des Rates für deutsche Rechtschreibung.
Die Verwendung des Gendersternchens im vorliegenden Werk liegt in der Verantwortung der Herausgeberinnen und Herausgeber.

Vorweg

Geschichtsdidaktik braucht Grundbegriffe. Sie sind notwendig, um zu wissen, was gemeint ist, wenn man miteinander reden will, bei Diskussionen in Seminaren, beim Verfassen einer schriftlichen Arbeit, um einen wissenschaftlichen Aufsatz oder ein Buch zu verstehen, ein Problem auf den Punkt zu bringen, eine Forschungsfrage zu formulieren und bei vielem mehr. Welche Begriffe besonders wichtig sind, darüber gibt es in der Geschichtsdidaktik kaum Streit. Über die genaue Bedeutung dieser Begriffe ist man sich aber oft schon weniger einig, und ihre eindeutige Definition ist im Detail schwierig. Worüber Expert*innen dann streiten, bleibt Studierenden und Lehrkräften häufig fremd, was mitunter dazu führt, dass sie um die Auseinandersetzung mit diesen Begriffen eher einen Bogen machen, der Reflexion aus dem Wege gehen und sich am Ende selbst um die professionelle Sprechfähigkeit bringen.

Als Herausgeber*innen wollen wir mit diesem Band in ganz eigener Weise dabei helfen, solche begrifflichen Hürden besser zu überspringen. Dabei will dieses Buch weder einen neuen Kanon von Grundbegriffen festlegen und definieren noch die bewährten geschichtsdidaktischen Handbücher ablösen. Stattdessen machen wir ein Angebot eigener Art, mit dem wir zum Nachdenken anregen wollen: Dieses Buch ist Wörterbuch und Bilderbuch in einem. Dabei sind die Bilder weit mehr als bloße Illustration der die Begriffe erläuternden Texte. Sie sollen mit ihrem visuell-ästhetischen Zugang helfen, eigenständige Vorstellungen zu entwickeln. Die Assoziationen, die sich aus ihrer Betrachtung ergeben, sollen dazu anregen, sich die ins Bild getretenen Begriffe zu erschließen und über sie weiter nachzudenken. Der Wert dieses Bilderbuches liegt für uns im Dialog, in den Text und Bild miteinander – und mit den Leser*innen – treten. Die Unschärfen, die dabei entstehen, sind kalkuliert und sollen zur Einmischung ermutigen. Die subjektive Aneignung des Buches durch seine Leser*innen wird ergänzt durch „Ansichtssachen" – kurze Einlassungen aus dem Kreis der Autor*innen, die helfen mögen, die Aufmerksamkeit für die Details der Bilder zu schärfen. Jeder Grundbegriff wird durch dieses Buch also von drei Seiten in den Blick genommen.

So subjektiv wie die Zugänge zu den Begriffen ist auch ihre Auswahl. Aus der Vielzahl geschichtsdidaktischer Grundbegriffe haben wir uns für solche entschieden, die im Bereich der Bildung von Lehrkräften von erheblicher Relevanz sind und/oder im didaktischen Diskurs besonders kontrovers Verwendung finden. Über die 65 Grundbegriffe hinaus, die wir mehr im Sinne einer theoretisch reflektierenden als einer unterrichtspraktisch-methodisch orientierten Geschichtsdidaktik ausgewählt haben, finden sich in den Texten dieses Buches viele wichtige Hinweise und Erläuterungen weiterer Stichworte, denen gleichfalls nicht unwesentliche Bedeutung zukommt. Diese haben wir zusätzlich in ein entsprechendes Verzeichnis am Ende des Buches aufgenommen. „Zum Weiterlesen" empfehlen wir außerdem neben jedem Beitrag einige Grundbegriffe, an die man inhaltlich anknüpfen kann, um sich so Schritt für Schritt durch das Buch zu lesen und zu schauen. So wird schnell deutlich, wie sehr all diese Begriffe miteinander verwoben und wie unentbehrlich sie für das historische Lernen sind – aber auch, wie individuell die ihnen jeweils zugeschriebene Bedeutung ist. Der Weg durch das Buch mag damit trotz seines auf den ersten Blick strukturierenden alphabetischen Aufbaus der Lektüre eines postmodernen Romans – etwa der „Rayuela" Julio Cortázars von 1963 – ähneln, bei dem Anfang, Ende und die eine gültige Ordnung nicht auszumachen sind. Übersetzt meint der Titel dieser Erzählung jenes Spiel, das als „Hüpfekästchen", „Hickeln" oder „Himmel und Hölle" nicht nur auf deutschen Spielplätzen und Schulhöfen verbreitet ist. So wie dort der*die Spieler*in einen Stein auf ein Feld eigener Wahl wirft, mögen die Leser*innen hier anfangen, wo sie möchten. Dann ergibt sich eines aus dem anderen; viele Wege und große Sprünge sind möglich.

Vielleicht gelingt es auf diese Art und Weise, nicht nur zum Verständnis geschichtsdidaktischer Grundbegriffe beizutragen, sondern auch zum Gespräch anzuregen. Denn die Begriffe, die die Geschichtsdidaktik verwendet, sind nicht vom Himmel gefallen. Sie haben sich entwickelt und werden das auch in Zukunft weiter tun. Wie diese Zukunft aussieht, entscheiden diejenigen, die sich in die Diskussionen um die Begriffe und um ihre Gültigkeit einbringen. Dazu wollen wir beitragen, vor allem aber die Leser*innen herzlich einladen.

Dafür, dass dieses Buch realisiert werden konnte, haben die Herausgeber*innen vielen Beteiligten zu danken:

Nicole Schwabe [NiS] danken wir, dass sie den Beitrag zu Globalität übernommen hat, Nina Martini [NM] für konzeptionelle Hinweise, für die Formulierung von „Ansichtssachen" und für die Zusammenarbeit am Begriff „Geschichtspolitik" und bei der Erstellung des Coverfotos.
Dabei gilt unser Dank den Studierenden, die sich freundlicherweise für das Titelbild haben ablichten lassen, ebenso Franziska Josten, die mit Ausdauer Bildrechte recherchiert hat.
Gabriela Holzmann vom Friedrich Verlag hat das Buch freundlich begrüßt und sich unseren verrückten Ideen gegenüber aufgeschlossen gezeigt; dafür gebührt ihr besonderer Dank.

Alterität

Alterität begegnet uns überall und zu jeder Zeit, sie lässt gegenwärtige und vergangene Gegenstände, Phänomene, Aussagen und Narrationen als fremd erscheinen. Sie sind anders, als man es aufgrund eigener zeitlich bedingter Wahrnehmung, sozialer und kultureller Prägung und des eigenen Standortes kennt. Das als anders Wahrgenommene wird dabei mit bekannten Wissensbeständen und Erfahrungen verglichen, um es in die eigene Lebenswelt einzuordnen. Schlägt dies fehl, neigt man dazu, das andere als fremd zu bezeichnen. Wir können es ablehnen oder eigene Denkmuster ändern. Das Fremde ist vorläufig bzw. bleibt ohne kritische Prüfung stets ein Gegenmodell zur eigenen Perspektive. Dass „fremd" nur eine standortgebundene Deutung ist und andere uns ebenfalls als fremd wahrnehmen können, ist eine wesentliche Erkenntnis, um die Perspektive des Fremden nachzuvollziehen, wie es Rolf Schörken und infolge Klaus Bergmann bereits in den 1980er-Jahren forderten. Ein vollständiges Verstehen ist jedoch nicht möglich, da die Perspektive des anderen niemals in allen ihren zeitlichen, örtlichen und mentalen Facetten eingenommen werden kann. Andersartigkeit wirkt folglich auf jede•n Einzelne•n und jede Gruppe in unterschiedlichem Grad fremd, sodass es nicht die eine Alterität gibt, sondern stets nur bestimmte Elemente, die als mehr oder minder fremd wahrgenommen werden. Alteritätserfahrung kann hier und jetzt (synchron) oder in Auseinandersetzung mit Vergangenem (diachron) auftreten und zu Irritationen, ja zu Stereotypen und Vorurteilen führen, sofern man sich mit ihnen nicht kritisch und damit auch die eigene Erfahrungswelt reflektierend auseinandersetzt. Eine solche Herangehensweise ist Voraussetzung für trans- und interkulturelles Lernen und fördert selbstreflexive und tolerante Kommunikation. Narrationen sind immer auch Versuche, sich Alteritätselementen zu nähern, sie zu deuten und damit für sich selbst verständlich zu machen. Diese Qualität ist eine wichtige Grundlage für Intersubjektivität.

[TM]

Ansichtssache

Dieses Bild – vielleicht eine Illustration oder Kinderzeichnung – könnte einen Gedankenaustausch zwischen einem Frosch und einem Fisch darstellen. Der Frosch erzählt dem Fisch von Kühen, die er an Land gesehen haben muss. Der Fisch stellt sich nun dieses Konstrukt „Kühe" vor. Er geht dabei von den Vorannahmen aus, die er in seiner Lebenswelt Wasser gesammelt hat. Von dort aus konstruiert er eine Kuh, wie sie seiner eigenen Weltsicht nach aussehen müsste, d. h. mit Kiemen und Flossen. Das Bild verdeutlicht auf anschauliche Weise, dass wir bei Fremdheitserfahrungen stets von uns selbst ausgehen und von dort aus auf anderes abstrahieren.

[SK]

↓
Zum Weiterlesen
Lebenswelt,
Perspektivität,
Verstehen

Abb. 1 | Leo Lionni, Fisch ist Fisch, 2005.

A
C
E
F
G
H
I
K
L
M
N
O
P
Q
R
S
T
U
V
W
Z

Analyse

Analyse, Sach- und Werturteil sind die drei Schritte, in denen üblicherweise im Geschichtsunterricht mit Texten gearbeitet wird. Die Abiturprüfung, so die Kultusminister*innenkonferenz der BRD, muss sie bei der Aufgabenstellung berücksichtigen: Der Analyse entspricht der erste, dem Sachurteil der zweite und dem Werturteil der dritte der dafür vorgesehenen Anforderungsbereiche. „Analyse" meint zielgerichtete Informationsentnahme, ein entsprechender Arbeitsauftrag wäre: „Geben Sie den Inhalt der Quelle strukturiert wieder!". Das „Sachurteil" fordert die Einordnung in den historischen Kontext, das „Werturteil" die begründete eigene Stellungnahme. Die drei Bereiche versuchen, verschieden kognitiv anspruchsvolle Stufen zu unterscheiden, anhand derer Lernziele formuliert und Leistungen der Schüler*innen benotet werden können. Die unterrichtliche Praxis trennt in der Regel Analyse, Sach- und Werturteil streng voneinander und arbeitet sie in der genannten Reihenfolge ab. Schon in den 1970er-Jahren betonte Karl-Ernst Jeismann jedoch, dass eine solche Vorgehensweise unmöglich sei. Denn Historiker*innen forschen standortgebunden. Von ihren Werten und Normen können sie sich nicht befreien und ebenso wenig von ihrem Vorwissen zur Vor- und Nachgeschichte der jeweiligen Quelle bzw. der Personen, Orte und Ereignisse, die in ihr angesprochen werden. Analyse, Sach- und Werturteil sind folglich nicht getrennt voneinander denkbar. Jeismann befürwortete dennoch, sie methodisch zu unterscheiden, um sich den eigenen Standpunkt bewusst zu machen. Das macht für ihn Geschichtsbewusstsein aus. Er will von den Werturteilen ausgehen, die mit dem Rückgriff auf Vergangenheit einen aktuellen Konflikt schüren wollen. Solcher „feuergefährlichen" Propaganda will er ihre Grundlage entziehen. Dazu soll die Vergangenheit, auf die sie sich bezieht, untersucht werden, indem man Quellen analysiert und in ihren historischen Kontext einordnet. Am Ende dieses Prozesses ergebe sich, so hofft Jeismann, ein neues, triftigeres Werturteil. [JvN]

Ansichtssache

Hier ist kein Stein auf dem anderen geblieben. Warum? War es Krieg, ein Anschlag? Oder lediglich eine Armee von Abrissbaggern? Wer recherchiert, kann herausfinden, dass hier mit der Explosion des Stickstoffwerks in Oppau 1921 die Folgen des größten Chemieunglücks in der Firmengeschichte von BASF dokumentiert sind, bei dem es 561 Tote gab. Den Betrachter im Bild lässt all das wie versteinert dastehen. Er zögert. Ergibt das alles einen Sinn? Wer soll hier aufräumen? Wie soll man das sortieren? Es ist kein Anfang in Sicht. Und ein gutes Ende ist ebenso ungewiss.

[LD]

Zum Weiterlesen
Konstruktivismus,
Perspektivität,
Triftigkeit,
Urteilsbildung

Abb. 2 | Unbekannte*r Fotograf*in , Explosion des Stickstoffwerkes in Oppau, 1921.

Anthropologie

Anthropologie beschäftigt sich mit der Frage nach dem Menschen. Die Geschichtswissenschaft des 19. Jahrhunderts dachte vorwiegend personengeschichtlich und beschäftigte sich mit den großen Taten berühmter Männer. Die Postmoderne hat mit diesem patriarchalischen Denkmuster gebrochen. Einerseits ist der Kreis derer, die Historiker*innen interessieren, auf alle Geschlechter und sozialen Schichten ausgedehnt worden. Es gibt u. a. Frauen- und Alltagsgeschichte sowie die Geschichte der Kindheit. Andererseits werden die Menschen zugunsten der Welt, in der sie leben, entmachtet. Nicht mehr sie bestimmen die Entwicklung, sondern die jeweiligen ökonomischen und sozialen Rahmenbedingungen, so der Grundtenor der historischen Sozialwissenschaft. Die Actor-Network-Theory geht davon aus, dass Menschen und materielle Dinge miteinander interagieren und dadurch zu dem werden, was sie im Moment der Handlung sind: Der eine spielt Fußball, andere nähen oder verkaufen die Bälle. Die Historische Anthropologie relativiert diese Entmachtung des Menschen. Sie denkt über die Möglichkeit anthropologischer Konstanten nach. Damit sind Eigenschaften gemeint, die Menschen bzw. der Art ihres Zusammenlebens unabhängig von Zeit und Raum eigen sind. Reinhard Koselleck nennt u. a. Freund – Feind, Jung – Alt sowie oben – unten. Jörn Rüsen ergänzt Natur – Kultur und Mann – Frau. Wolfgang Klafki formuliert Schlüsselprobleme der Menschheit wie Krieg und Frieden, Umweltzerstörung und Technologisierung. Konstruktivistisch gesehen, handelt es sich nicht um Konstanten, sondern um Interpretationen der Welt, wie Koselleck, Rüsen und Klafki sie von ihrem subjektiven Standort aus in ihrer Zeit gesehen haben. Historiker*innen sind in der Regel skeptisch gegenüber Konstanten. Sie interessieren sich besonders dafür, was sich im Laufe der Zeit verändert hat. Vielleicht ist es ja die besondere Stärke des Menschen, dass er sich nicht durch bestimmte von Zeit und Raum unabhängige Eigenschaften auszeichnet, weil er dadurch auf neue Herausforderungen flexibel reagieren kann. [JvN]

Ansichtssache

Wer kennt sie nicht, diese Holzpuppe, die Künstler*innen für ihre Körperstudien benutzen. Aber diese Behauptung ist übergriffig. Weshalb sollte jede*r diese Puppen kennen? Der Bauer auf dem Feld, der Zimmermann auf dem Dach, die CEO in der Chefetage. Menschen sind so verschieden. Aber die Puppe macht sie alle gleich. Ohne Gesicht, ohne Geschlecht. Was kommt dabei heraus? Ein Mensch. Der Mensch. Ist es hilfreich, von gleichen Proportionen auszugehen? Vielleicht um bei den Einzelnen genauer hinzuschauen. Und der hier, die hier? Es greift sich an den Kopf: „Was soll das? Ich bin eine Puppe!"
[LD]

↓
Zum Weiterlesen
Class,
Geschichte,
Geschichtskultur,
Konstruktivismus,
Materialität

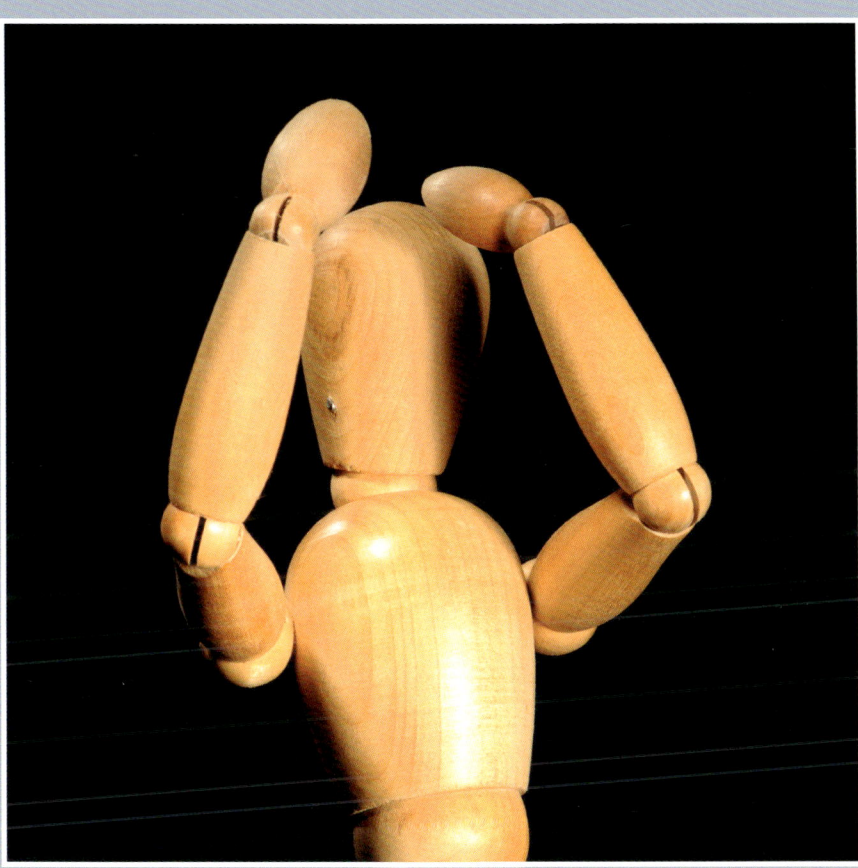

Abb. 3 | Unbekannte*r Fotograf*in, Gliederkunstfigur, o. J.

Anthropozän

Ob wir tatsächlich seit rund 200 Jahren in einer als Anthropozän zu bezeichnenden erdgeschichtlichen Epoche leben, ist in den Natur- wie Geisteswissenschaften umstritten. Aus Sicht der Gegner dieses Begriffs ist es u. a. nicht absehbar, ob die Eingriffe des Menschen in die Natur der Erde so tiefschürfend und irreversibel sind, dass sie eine solche vom nacheiszeitlichen Holozän abgegrenzte Epochenbezeichnung rechtfertigen würden.

Aus geschichtsdidaktischer Sicht ist das Anthropozän in mehrfacher Hinsicht von Interesse: Erstmals wird hier eine geologische Epochenwende definiert, die sich – im erdgeschichtlichen Maßstab – in unmittelbarer Nähe zu unserer Gegenwart befindet; Natur- und Menschheitsgeschichte werden gewissermaßen in Einklang gebracht, wenn man – bei fließenden Übergängen – Anthropozän und Neuzeit gleichermaßen um 1800 beginnen lässt. Im Sprechen über das Anthropozän werden Vergangenheit und Zukunft zu Erzählungen verbunden, die Gabriele Dürbeck in das Narrativ der Großen Transformation, das Katastrophen-, das Gerichts-, das Interdependenz- und das (bio-)technologische Narrativ unterschieden hat. Die letztgenannte Erzählweise knüpft an eine bereits in den 1920er-Jahren mit dem Begriff Anthropozän verbundene Vorstellung an, der Mensch könne durch „Geoengineering" gestaltend in die Landschaft eingreifen.

Im Geschichtsunterricht und mehr noch im Fach Gesellschaftslehre lassen sich an vielen Stellen mit dem Anthropozän verbundene Veränderungen aufgreifen: Die Ausbreitung von Tieren und Pflanzen in neuen Lebensräumen fällt mit dem sich entwickelnden globalen Handel zusammen, der erhöhte Ausstoß von Kohlendioxid mit der Industrialisierung, der Eintrag von radioaktiven Stoffen in die Atmosphäre mit der Nutzung der Atomenergie seit dem Zweiten Weltkrieg. Weit über solche konkreten Anknüpfungspunkte hinaus fordert Andreas Hübner von einer Geschichtsdidaktik, die ihrer gesellschaftlichen Verantwortung gerecht werden will, die Ausbildung einer anthropogenen Reflexivität.   [PR]

Ansichtssache

Deutlich sind die Spuren des Marmorabbaus zu erkennen. Der Berg wird abgetragen, die Arbeiten hinterlassen eine menschengemachte Landschaft. Eine Entwicklung, die nicht rückgängig gemacht werden kann. Zurückschreiten – an der Uhr zu drehen – ist schwerlich möglich. Bietet die Transformation aber nicht auch die Möglichkeit zur Neugestaltung? Michelangelo schuf aus Marmor seine Skulpturen, heute ist der Stein ein begehrter Zusatzstoff in der Industrie, und morgen? Gewiss ist, Entwicklungen bewirken Veränderungen – welche Gestalt sie annehmen, hingegen nicht.
[NM]

↓
Zum Weiterlesen
Gesellschaftslehre,
Narration,
Zeit,
Zukunft

Abb. 4 | Federico Rostagno, Carrara marble quarries, Tuscany, Italy, o. J.

A
C
E
F
G
H
I
K
L
M
N
O
P
Q
R
S
T
U
V
W
Z

Auswahlproblematik

Die Auswahlproblematik ergibt sich aus der Frage, welche Inhalte im Geschichtsunterricht behandelt werden sollen. Wissen über die Vergangenheit füllt Bibliotheken, Unterrichtszeit ist begrenzt und Auswahl deshalb unumgänglich. Die Geschichtswissenschaft kann diese Entscheidung nicht treffen, sie schafft immer mehr Wissen. Schulbücher treffen eine Auswahl und folgen dabei den Vorgaben staatlicher Lehrpläne. Aber das Problem ist damit noch nicht aus der Welt. Erstens sollte man staatlicher Geschichtspolitik grundsätzlich misstrauen, zu oft schon war sie Propaganda. Demokratie lebt von Kritik. Zweitens sind die Schulbücher immer noch zu umfangreich für die wenigen Stunden, die dem Geschichtsunterricht zugestanden werden. Für das antike Rom sind es nicht viel mehr als sechs Doppelstunden. Lehrer*innen müssen auswählen. Wonach können sie sich dabei richten? Die Interessen der Schüler*innen sind ein erstes wichtiges Kriterium. Ihre Fragen zu einem bestimmten obligatorischen Gegenstand können zu verschiedenen Themen gebündelt und für eine arbeitsteilige Gruppenarbeit zur Wahl gestellt werden. Ein weiteres Kriterium für die spezifische Gestaltung eines Gegenstandes sind aktuelle gesellschaftliche und politische Probleme, z. B. Migration. Sie gehört zur Alltagswelt der Schüler*innen. Das erleben sie in ihrem eigenen Klassenzimmer. Vielleicht kann die Vergangenheit ein Spiegel sein, der hilft, die Herausforderungen der Gegenwart differenzierter anzugehen. Klafki hat den Unterricht in allen Fächern an dem ausrichten wollen, was er als Schlüsselprobleme der Menschheit – u. a. Krieg und Frieden, Umwelt, Herrschaft – definiert hat. Ein wichtiges Kriterium ist schließlich die Geschichtskultur vor Ort: ein Denkmal, ein Gebäude, ein Stolperstein. Schüler*innen begegnen ihnen im Hier und Jetzt. An solchen Spuren kann ihnen deutlich werden, dass sich ihr Unterricht auf ein tatsächliches Geschehen bezieht und keine Märchen, sondern Geschichten erzählt.

[JvN]

↓
Zum Weiterlesen
Geschichte,
Geschichtskultur,
Gegenwartsbezug,
Anthropologie,
Ideologiekritik

Abb. 5 | Peter Paul Rubens, Das Urteil des Paris, 1639.

A
C
E
F
G
H
I
K
L
M
N
O
P
Q
R
S
T
U
V
W
Z

Außerschulische Lernorte

Solche Orte sind geografisch fassbare Stätten mit Bezügen zur Vergangenheit. Diese vage Definition lässt ein großes Spektrum an möglichen Orten infrage kommen. Aber eine weitere Eingrenzung ist im Sinne eines perspektivischen Umgangs mit Geschichte wenig ertragreich. Ich kann alles zum Mittelpunkt historischer Betrachtung machen, meine Fragen an die Vergangenheit entscheiden über den Ort meiner Suche. Der Begriff „außerschulischer Lernort" meint im Bildungsbereich in erster Linie ein Lernen außerhalb des Schulgeländes – eine Forderung, die schon Jean-Jacques Rousseau im 18. Jahrhundert aufgrund der dort in besonderem Maße möglichen Erfahrung mit allen Sinnen betonte. Heute werden damit in der Regel Institutionen wie Museen, Archive und Gedenkstätten sowie Denkmäler, Burgen und Ruinen verbunden. Diesen Orten haftet das Historische offensichtlich an oder liegt dort zumindest für die Öffentlichkeit aufbereitet vor – ist damit jedoch auch aus seinem ursprünglichen Kontext gerissen. Diese Einschränkung kann zu einem verengten Blick auf Geschichte führen und vortäuschen, dort könne man der Vergangenheit begegnen. Da jedoch alles ein Früher und Heute besitzt, kann ich beispielsweise auch alltägliche Gegenstände wie ein immer noch bewohntes Haus aus dem 19. Jahrhundert oder Schilder mit mittelalterlichen Straßennamen zum Thema machen. Der Einbeziehung eines solchen Lernortes müssen die Frage nach dem didaktischen Mehrwert sowie die Berücksichtigung ästhetischer und emotionaler Aspekte (Stichwort: Überwältigung) vorausgehen. Was vermag das Stehen vor einer Stadtmauer, was deren Abbildung im Schulbuch nicht kann? Wird Vergangenheit damit erfahrbar? Da Lebenswelten auch digital und virtuell existieren und außerschulische historische Lernorte somit nicht mehr geografisch gebunden sind, bedarf es eines Umdenkens, was der Begriff zukünftig alles umfassen kann. Könnte nicht auch das Internet als digitaler Raum zum außerschulischen Lernort für Geschichte werden? [TM]

↓
Zum Weiterlesen
Geschichtsunterricht, Lebenswelt, Materialität, Medien historischen Lernens

Abb. 6 | Thomas Must, Bunker am Strand von Løkken (Dänemark), 2017.

Chronologie

Eine Chronologie besteht aus geordneten Zeitangaben. Jede Gesellschaft hat eigene Instrumente, Zeit zu messen. Menschen, die jagen und sammeln, müssen wissen, wann Wildgemüse geerntet werden kann und Jagdtiere anzutreffen sind. Land zu bewirtschaften heißt, sich auf den Zeitpunkt von Saat und Ernte einzustellen. Menschen können nur zusammenarbeiten, wenn sie verabreden können, wann sie sich treffen und wie lange sie Zeit haben, bevor wieder andere Aufgaben anstehen. Die Art der Zeitmessung ähnelt sich kulturübergreifend, weil man sich weltweit, bevor es Uhren und Terminkalender gab, an Sonne und Mond orientierte. Ihr Stand am Himmel ändert sich stets gleichförmig und ist in der Regel gut sichtbar. Der nach dem Mond benannte Monat beginnt, wenn am Himmel seine schmale Sichel zu sehen ist. Tag und Nacht bestimmten sich nach Auf- und Untergang der Sonne, das Jahr nach ihrem Stand über dem Horizont. Es gibt unterschiedliche Zeitrechnungen: So beginnt die christliche mit Jesu Geburt, die muslimische mit der Reise Mohammeds nach Medina. Es ist deshalb falsch, die chronologische Zeit als etwas Natürliches anzusehen. Menschen gestalten sie ihren jeweiligen Absichten entsprechend. Das Einzige, worauf Menschen keinen Einfluss haben, ist die Reihenfolge der Ereignisse. So musste Ludwig XVI. geboren worden sein, bevor er hingerichtet werden konnte. Welches Ereignis auf ein anderes folgt, lässt sich mithilfe eines Zeitlineals verdeutlichen. Es ist ein wichtiges didaktisches Medium, weil es Zeiträume sichtbar macht. Der Maßstab entspricht dem Gegenstand: Bei der Entwicklung von der neolithischen bis zur digitalen Revolution steht ein Abschnitt des Lineals vielleicht für tausend Jahre, bei der Gefahr faschistischer Tendenzen für Demokratie und Menschenwürde 1933 und heute nur für einige wenige. Das Zeitlineal kann unendlich weit zurückgehen, aber es schließt immer die Gegenwart ein. Wer sich mit der Vergangenheit beschäftigt, darf nicht vergessen, dass er oder sie dies hier und jetzt tut. [JvN]

Ansichtssache

Hier ist offensichtlich etwas aus der Zeit gefallen. Ein Bräunlich-Rot und Grau passen so gar nicht ins frisch-frech Knallige unserer Tage. Und dann diese Unübersichtlichkeit – auf den ersten Blick; denn aus der Masse des Hintergrundes tritt eine Frauengestalt in Siegerpose hervor und geradezu aus dem Bild heraus, ihren Betrachter*innen entgegen. Sie weiß, was sie will, woher sie kommt und wohin sie will. Und dadurch ordnet sich auch die Welt um sie herum, wird zum Schweif, den sie hinter sich herzieht. Ihre Ordnung ordnet all die kleinen Vergangenheiten, aus denen sie hervortritt. Aber zu welchem Ende? [LD]

↓
Zum Weiterlesen
Entscheidungszeit,
Geschichtskultur,
Narrativität,
Zeit

Abb. 7 | Gerhard Bondzin, Der Weg der roten Fahne (Wandbild am Dresdner Kulturpalast), 1969.

A
C
E
F
G
H
I
K
L
M
N
O
P
Q
R
S
T
U
V
W
Z

Class

„Class" ist ein Begriff, der mit „race" und „gender" aus der angloamerikanischen in die deutsche Diskussion und Geschichtsdidaktik gelangt ist. Das überrascht, weil „Klasse" als die Übersetzung von „class" heute ein Unwort ist. Klasse heißt eben auch Klassenkampf und bedeutet, so die marxistische Lehre, die Auseinandersetzung zwischen Herrschenden und Unterdrückten: Die einen besitzen die Produktionsmittel, Maschinen, Grund und Boden, Geld, die anderen nur ihre Arbeitskraft. So sei es bis zum Sieg der Arbeiterklasse über die Kapitalisten. Dann gehörten die Produktionsmittel allen gemeinsam. Es kam anders. Der sogenannte Ostblock brach in den 1980er-Jahren zusammen. Die sozialistischen Staaten kann man heute an einer Hand abzählen. Es ist fraglich, ob man überhaupt noch von Klassen sprechen kann, weil die Industriegesellschaft immer mehr zu einer Dienstleistungsgesellschaft wird. Deshalb spricht man mittlerweile häufig von Schichten oder gesellschaftlichen Gruppen und nicht mehr von Klassen. In den 1950er-Jahren predigten neurechte Stimmen die nivellierte Mittelstandsgesellschaft, in der es keine Konflikte mehr gebe. 40 Jahre später sahen manche sogar das Ende der Geschichte gekommen, sei doch mit dem Sieg des Kapitalismus der Höhepunkt der Menschheitsgeschichte erreicht. Von solchem Optimismus sind wir heute weit entfernt. Trotz Wirtschaftswachstums nimmt die Ungleichheit auf der Erde aber auch in den reichen Ländern immer mehr zu. Gleiches gilt für die Umweltzerstörung, die besonders den globalen Süden trifft. Der Begriff „class" stellt die soziale Frage. Geschichtsunterricht bringt sie zur Sprache, wenn er die unterschiedlichen Perspektiven beteiligter Gruppen sowie die entsprechenden wirtschaftlichen Strukturen und ihre Entwicklung verdeutlicht. Die Antworten auf die soziale Frage waren und sind vielfältig. Daraus ergeben sich für Schüler*innen die Möglich- und Notwendigkeit, zu einem eigenständigen Urteil zu finden. „Class" ist ein wesentlicher Aspekt emanzipatorischer historisch-politischer Bildung. [JvN]

Ansichtssache

Wird die Klassenfrage im Bild zur sozialen Frage nach Wohnverhältnissen? Umgeben von verschmutzter, rußiger Luft, früher eine Häusergasse im Arbeiterviertel, heute ein brennender Wohnblock? Wer schwebt dort frei im Raum, beobachtet die Verhältnisse aus der Vogelperspektive? Es sind harte und unruhige Zeiten: Die Wellen türmen sich auf oder die Schollen schieben sich übereinander. Es scheint keine Befriedung in Sicht. Oder gibt es doch Antworten auf die sozialen Fragen in diesem Bild? [WS]

↓
Zum Weiterlesen
Anthropozän,
Geschichtsunterricht,
Geschlecht*er,
Perspektivität,
Race

Abb. 8 | Johanna Ostmann, Erbe, 2018.

A
C
E
F
G
H
I
K
L
M
N
O
P
Q
R
S
T
U
V
W
Z

Emanzipation

Die meisten werden bei Emanzipation wohl nur an Frauenquote und gendergerechte Sprache denken. Es ist aber mehr gemeint. Es geht grundsätzlich um Kritik, Gleichberechtigung, Bruch mit Konventionen, um Teilhabe und Selbstbestimmung. In Bezug auf Geschichte und historisches Lernen ist der Begriff eher nicht (mehr) geläufig. Das war nicht immer so. Bevor „Geschichtsbewusstsein" Ende der 1970er-Jahre zur geschichtsdidaktischen Leitkategorie avancierte, hatten Annette Kuhn, Klaus Bergmann und andere „Emanzipation" ambitioniert zum Ziel des Geschichtsunterrichts erhoben. Geschichte sollte nicht die Gegenwart begründen, sondern sie infrage stellen. Damit verliert historische Bildung die affirmative Rolle, auf die sie der Staat traditionell immer wieder festgelegt hatte. Die Kenntnis von Vergangenheit, die anders war als die so vertraute und scheinbar alternativlose Gegenwart, könne Möglichkeiten eröffnen, eine Zukunft zu gestalten, die anders ist als die Gegenwart. Diese emanzipatorische Didaktik richtete sich gegen das Verschweigen des Nationalsozialismus nach 1945 sowie autoritäre Vereinnahmung und Unterdrückung überhaupt. Sie wollte mündige Bürger*innen, die bereit und fähig waren, „mehr Demokratie zu wagen". Gerade der Schule wurde dabei eine entscheidende Rolle zugeschrieben. Geschichte, Politik und Erdkunde sollten in einem neuen Schulfach Gesellschaftslehre aufgehen. Die emanzipatorische Didaktik scheiterte. Es hagelte Kritik aus Politik, Schule und Universität: Die Geschichte werde misshandelt oder ganz verschwinden und damit auch die entsprechenden Lehrer*innenstellen und Lehrstühle. Wie bei den Kritiker*innen (meistens sind es Männer) der Emanzipation der Geschlechter verrät die Kritik mehr über ihre Kritiker*innen als über das, was da vordergründig thematisiert wird. Am Ende findet sich politische Mündigkeit heute zwar als Ziel in allen Lehrplänen, aber so recht wird das den Schüler*innen nicht zugetraut. Stattdessen werden sie beschult in einer Institution, die sie eher als Objekte sieht und zu Objekten macht.   [LD]

Ansichtssache

Konnte der Fotograf dieses Bildes ahnen, welchen geschichtsträchtigen Moment er da so spontan festhielt? Eine Männerriege in Anzug und Schlips und dazwischen eine Frau im legeren weißen Rollkragenpullover, die auf die Bühne des CDU-Parteitages in der Berliner Kongresshalle 1968 stürmte. Als Beate Klarsfeld den damaligen Bundeskanzler Kiesinger ohrfeigte und ihm „Nazi, Nazi, Nazi" ins Gesicht schrie, erzitterte nicht nur die Kamera. Erst 2015 würdigte das Bundespräsidialamt Klarsfelds großes Engagement gegen ehemalige NS-Täter mit einem Bundesverdienstkreuz. [WS]

↓
Zum Weiterlesen
Alterität,
Geschlecht*er,
Gesellschaftslehre,
Historisch-politische
Bildung

Abb. 9 | Michael Ruetz, Beate Klarsfeld ohrfeigt Bundeskanzler Kurt Georg Kiesinger, 7. November 1968.

Empirie

Empirie ist neben Theorie und Pragmatik zur dritten Säule der Geschichtsdidaktik geworden. Gleichwohl stellt sich die Frage, inwieweit eine auf Zahlenwerte abzielende Methodik zentrale Gegenstände der Geschichtsdidaktik überhaupt erfassen kann; eine Annäherung an domänen-spezifische Konstrukte wie z. B. historische Narrationen gelingt womöglich eher mit qualitativen als mit quantita-tiven Zugängen, was die Vergleichbarkeit und Verallge-meinerbarkeit von Ergebnissen stark einschränkt.

In der Bundesrepublik – wo die empirische Forschung der DDR-Geschichtsmethodik kaum rezipiert wurde – war geschichtsdidaktische Empirie bis in die 1990er-Jahre stark auf Geschichtsbilder sowie auf Vor- und Ein-stellungen von Schüler*innen ausgerichtet, was auch die internationale Studie „Youth and History" noch deutlich prägte. In der Folge des „PISA-Schocks" von 2001 wurde eine auf Kompetenzen ausgerichtete em-pirische Forschung auch in der Geschichtsdidaktik for-ciert; die regelmäßige Tagung „Geschichtsdidaktik em-pirisch" hat sich seit 2007 zum für die deutschsprachige Geschichtsdidaktik einschlägigen Forum entwickelt. In jüngster Zeit nimmt man verstärkt das Handeln von Lehrkräften in den Blick, erfasst u. a. durch Vignetten-tests, die komplexe Unterrichtssituationen simulieren.

Weil die Geschichtsdidaktik in ihrem Nachdenken über Geschichtsbewusstsein weit mehr als andere Schul-fachdidaktiken über unterrichtsmethodische Überlegun-gen hinausgeht, birgt die gegenwärtig zu beobachtende starke Fokussierung auf Empirie zwei Risiken: Zum ei-nen läuft die Geschichtsdidaktik Gefahr, ihre Anschluss-fähigkeit an die Geschichtswissenschaft und -theorie zu verlieren und weniger von deren Fragestellungen ge-prägt zu sein als von solchen der Bildungswissenschaf-ten, die ihrerseits in Forschung und Lehre zunehmend weniger auf das Lernen aus der Geschichte setzen. Zum anderen schränkt eine Konzentration auf den messbaren „Output" von Unterricht den Wert historischer Bildung auf die Vermittlung verwertbarer Kompetenzen ein.

[PR]

Ansichtssache

Die wunderbare Welt der Zahlen liegt vor uns. In ihr ist alles klar und berechenbar. Es gibt keine Grauzonen, alles ist eindeutig. Auf die Zahlen kann man sich verlassen. Sie lügen nicht. Der Augenschein kann trügen. Eine Unterrichtsstun-de mag der Beobachterin als gelungen erscheinen, aber ist dort wirklich etwas gelernt worden? Einen Versuch ist es wert, historisches Denken in Zahlen zu fassen, denn so werden Ergebnisse verschiedener Testreihen vergleichbar. Je mehr Zahlen, desto größer und belastbarer ist die Erkennt-nis. Dann ist kalkulierbar, was zu tun und zu lassen ist. Das Berechenbare ist beherrschbar.

[JvN]

↓
Zum Weiterlesen
Geschichtsbewusstsein,
Kompetenzen,
Theorie

```
3832795028841971693993751058209749445923078164062862089
9862803482534211706798214808651328230664709384460955058
223T72535940812G48111745028 4S0270193852110555964462294
8954930381964428810975665933446128475648233786783165271
2019091456485669234603486104543 2S648213393607260249141
27372458700660631558817488152092096282925409171 53643678
9259036001133053054882046652 S3841469519415116094330572
70365759591953092186117381932611793105118548074462 37996
2749567351885752724891227938183011949129833673362440656
6430860213994946395224737190702171860943702770539217 1762
9317675238467481846766940513200056812714526356082778577
1342757778960917363717872146844090122495343014654958 5371
E5079227968925892354201995611212902196086403441815 9813
629774771E099605187072113499999983729780499510597 31732
8160963185950244594553469083026425223 0E2533446850352B1
9311881710100031378387528865875332083814206171776691473
0359825349042875546873115956286388235378759375195778185
7780532171226806613001927876611 195909216420198938095257
2010654858632788659361533818279682303019520353018529689
9577362259941389124972177528347 9H3151557485724245 41506
959508295331168617278558890750983817546374649393192 5506
040092H701671139009848824012858361603563707660104 71018
194295559619894676783744944825 5T79774726847104047 534646
208046684259069491293313677028989152104752162056966 0240
5803815019351125338243003558764024749647 3U639141992726
0426992279678235478163600934 1N2164121992S5863150302861
8297455570674983850549458858692699569092721079750930295
5321165344987202755960236480665499110881831797753566369
80742654252786 2W518184175746728909777727938000816 47060
016C4524919217321721477235014144197356854816136115 7352
5521334757418494684385233239073941433345 4C7624168 62518
98356948556209921922218427255025425688767179049460 16534
6680498862723279178608578438382796797668145410095388378
6360950680064225125205117392984896084128488626945604241
9652850222106611863067442786220391949450471237137869609
5636437191728746776465757396241389086583264599581339047
80275900994I576407895126946839835259570982582262052 2489
4077267194782684826014769990264013639443745530506820 34
96252451749399651431429809190659250937221696S615157 7098
583874105978859597729754989301617539284681382686838689 4
277415599185592524595395943104997252468084598727364469 5
```

Abb. 10 | Peter Riedel, Geschichtsbewusstsein, 2019.

Entscheidungszeit

Entscheidungszeit ist eng mit Gegenwart, Zukunft und Vergangenheit verbunden. Die Gegenwart steht an erster Stelle. Sie fordert Menschen so lange keine Entscheidungen ab, wie die Alltagsroutinen funktionieren. Erst wenn Probleme, z. B. der Klimawandel, auftauchen, muss man etwas tun, um die Zukunft zu sichern. Nicht immer liegt die Lösung auf der Hand. Dann bietet es sich an, in die Vergangenheit zurückzublicken. Auch dort haben sich Menschen mit Krisen auseinandersetzen müssen. Auf diese Erfahrungen können wir zurückgreifen. Das ist aber nicht einfach, denn was damals geschah, ist vergangen. Was heute bleibt, sind Überreste: Texte, Bilder und von Archäologen ausgegrabene Fundstücke, alte Gebäude oder Denkmäler, Sprache und Verhaltensweisen, die ihre Zeit überdauert haben. Aus ihrem ursprünglichen Zusammenhang gerissen, sind sie schwer zu verstehen. Die Herausforderungen, denen sich die Menschen damals gestellt haben, sind oft nicht mehr die unsrigen, weil sich die Welt inzwischen verändert hat. Die Geschichten, die heute darüber erzählt werden, was gestern war, sind keine Gebrauchsanweisungen, sondern Denkanstöße. Sie machen deutlich, dass nichts so bleiben muss, wie es ist. Wenn etwas feststeht, dann das, dass sich alles ändert. Geschichten befreien von Sachzwängen, ohne die Lösungen mitzuliefern, die heute greifen. Außerdem helfen sie, sich darauf zu verständigen, gemeinsam zu handeln. Erst die Zukunft wird zeigen, ob der eingeschlagene Weg der richtige war. Dann wird unsere Gegenwart Vergangenheit und unsere Zukunft Gegenwart sein. Diese stetige Bewegung gilt auch für die Menschen, die vor uns lebten. Sie trafen ihre Entscheidungen in ihrer Gegenwart mit Blick zurück auf ihre Vergangenheit und nach vorn auf ihre Zukunft. Ihre Zeithorizonte sind für uns Vergangenheit. Wie tief die Narration angesichts der jeweiligen Herausforderung zurückgreift, ist unterschiedlich und liegt in der Hand dessen, der erzählt. Die drei Zeitdimensionen sind nicht mehr und nicht weniger als die erweiterte Gegenwart der Erzähler*in. [JvN]

Ansichtssache

Die Zeichnung lässt uns über die geschichtsdidaktischen Dimensionen Vergangenheit, Gegenwart und Zukunft nachdenken. Sich mit Geschichte zu befassen bedeutet, diese drei stets mit zu bedenken. Beide Figuren würden von sich behaupten, dass sie sich in der Gegenwart befinden, und keine von beiden hat unrecht. Denn Zeit befindet sich im stetigen Fluss. Schulbücher, die aktuell für die Schuljahre 2021/22 geschrieben werden, werden alsbald Vergangenheit sein. Vielleicht eine Vergangenheit, die zukünftige Geschichtsdidaktiker*innen 2071 erforscht haben werden. [SK]

↓
Zum Weiterlesen
Chronologie,
Gegenwartsbezug,
Narration,
Zeit,
Zukunft

Abb. 11 | Jörg van Norden, Von Tag zu Tag, 2018.

Epistemologie

Die Epistemologie geht der Frage nach, ob und wie sich Menschen ein Bild von der Welt, wie sie ist, machen können. Die realistische Antwort geht davon aus, dass die Welt objektiv erfasst werden kann, auch wenn es manchmal schwierig ist. Wissenschaft sei aufgrund ihrer Methoden und ihrer Theorieorientierung besonders objektiv. Deshalb sollen Historiker*innen falsche Geschichtsvorstellungen korrigieren. Aber sie können sich irren: So haben Professor*innen nach 1933 den Faschismus historiografisch gerechtfertigt. Von der realistischen Sichtweise unterscheiden sich diejenigen, die hinter dem, was sie wahrnehmen, eine tiefere Wahrheit vermuten. So setzt das Christentum voraus, dass Gott der Schöpfung seinen Plan eingeschrieben habe, auch den Menschen. Deshalb könnten sie sich gegenseitig und die Welt, in der sie leben, verstehen. Den Historiker*innen sei es deshalb möglich, etwas mit den Augen derer zu sehen, die lange vor ihnen lebten. Ihr Handeln sei nachvollziehbar, der Zweck der Dinge, die früher hergestellt wurden, und der Texte, die früher geschrieben wurden, sei erkennbar. Die sogenannte geisteswissenschaftliche Schule setzt zwar nicht auf Gott, aber auf einen allen Menschen gemeinsamen Geist, die Vernunft und die Lebensart, kurz das „humanum". Gegen einen solchen Idealismus wehrt sich der Marxismus, der aber ebenso wenig auf die Unterscheidung von Schein und objektivem Sein verzichten will. Hier treten die ewigen Regeln des Dialektischen und Historischen Materialismus an die Stelle des Geistes. Der Konstruktivismus unterscheidet sich insofern von den bisher genannten Denkmodellen, als er objektive Erkenntnis für unmöglich hält: Der eigene Standort und die eigenen Interessen würden das Weltbild des Individuums bestimmen. Seine Wahrnehmung und sein Wissen seien in den sozioökonomischen Kontext eingebettet, in denen es aufgewachsen ist. Deshalb können sich Historiker*innen trotz der Triftigkeit, um die sie sich bemühen, niemals in Vergangenes hineinversetzen, sondern es sich nur vorstellen.

[JvN]

↓
Zum Weiterlesen
Class,
Geschichte,
Imagination,
Konstruktivismus,
Theorie

Abb. 12 | Michael Wohlgemut, Weltkarte (Schedelsche Weltchronik), 1491.

Erinnerung

Erinnerung und Geschichtswissenschaft werden oft entgegengesetzt, obwohl sie sich beide mit Vergangenheit beschäftigen. Die einen meinen, Erinnerung sei subjektiv. Sie müsse anhand von Quellen kritisch überprüft und korrigiert werden. Historiker*innen sind oft skeptisch gegenüber der Oral History, der mündlichen Überlieferung, in der sich Erinnerung äußert. Dabei vergessen sie, dass auch sie standortgebunden forschen. Die anderen werfen der Geschichtswissenschaft vor, persönliche Erinnerungen zu missachten. Aber auch Erinnerung ist standortgebunden. Wer sich erinnert, lässt nicht die Vergangenheit wieder aufleben, sondern entwirft sie aus seiner aktuellen Situation heraus neu. Beide Seiten kämen leicht zusammen, wenn sie anerkennen würden, dass Geschichten triftig sein sollten. Schwieriger wird es hingegen bei der Frage, ob es so etwas wie kollektive Erinnerung bzw. ein kollektives Gedächtnis gibt. Der Begriff „kollektives Gedächtnis" wurde ursprünglich von Maurice Halbwachs geprägt. Er beschränkte ihn auf kleinere Gruppen. Jan und Aleida Assmann haben ihn auf die Gesellschaft als Ganzes erweitert. Ihnen geht es um den Holocaust als zentralen Inhalt der „Erinnerungskultur" der BRD. Dass der deutschen Verbrechen gedacht werden sollte, ist unzweifelhaft. Dafür sind aber die Begriffe Geschichtskultur und Geschichtspolitik geeigneter, denn erinnern kann sich nur der einzelne Mensch. Persönliche Erlebnisse gehen in sein autobiografisches Gedächtnis ein. Das semantische Gedächtnis ist dagegen dafür zuständig, was darüber hinaus an Wissen angeeignet wird. Wer den Holocaust nicht miterlebt hat, kann ihn nicht erinnern, muss sich aber mit ihm auseinandersetzen. Der überlebende SS-Mann musste vor Gericht gestellt werden, aber er hat das Recht auf seine Erinnerung. Erinnerungskultur ist problematisch, weil sie Anspruch auf etwas erhebt, was zu den individuellen Persönlichkeitsrechten gehört. Der deutsche Faschismus ist ein abschreckendes Beispiel, wie ein solcher Anspruch geschichtspolitisch durchgesetzt wurde. [JvN]

Ansichtssache

Was haben wir denn da? Bilder, die aus einem Familienalbum gefallen sein könnten. Die Erinnerungen an ein Zeltlager. Gemeinschaft, immer wieder Gemeinschaft. Und in späteren Jahren wird man sie alle aufzählen können, die dabei waren. „Schau mal, wie jung wir damals waren!" Das Kaffeekränzchen in trauter Familie gibt es zweimal, fast identisch. Sind die Bilder bei gleichem Anlass entstanden oder saß man jedes Mal so beisammen? Über all dieser guten alten Zeit hängt ein Schleier mit Hakenkreuz, der all diesen Erinnerungen ein braunes Gepräge gibt. Aber was interessiert das die Besitzer dieser Bilder? [LD]

↓
Zum Weiterlesen
Geschichtskultur, Triftigkeit, Zeitzeug*innen

Abb. 13 | Jörg van Norden, ?1933 – 45?, 2019.

Eurozentrismus

Eurozentrismus bezeichnet eine Perspektive, die aus einem europäischen Werte- und Normensystem heraus die Welt betrachtet und außereuropäische Entwicklungen stets im Abgleich mit europäischen Standards und nicht selten als bloße Nebenschauplätze wahrnimmt. Das bedeutet, dass der Fokus auf der europäischen Vergangenheit liegt und andere Kontinente weitgehend ausgeblendet bzw. sie nur insofern berücksichtigt werden, als dass sie offensichtlichen Einfluss auf die Geschicke in Europa ausübten oder sich in bestimmten Entwicklungen überschnitten. Gab es in Nordamerika auch eine Steinzeit oder ein Mittelalter in Asien? Welche Folgen hatte die Industrialisierung in Afrika? Wann wurden die Menschen- und Grundrechte in Südamerika verkündet? Oder gab es dort andere Epochen und Entwicklungen? Muss ich mich vielleicht von meinen geschichtswissenschaftlichen Kategorien und Begriffen lösen, um die Geschichte Amerikas, Asiens oder Afrikas zu verstehen und die Europas zu relativieren? Dass unser Erdteil fälschlicherweise als Mittelpunkt der Welt und Ursprung kultureller Errungenschaften gesehen und diese Sicht der Dinge durch hiesige Medien vermittelt wird, ist offenkundig. Ein Blick in europäische Schulgeschichtsbücher reicht aus, um das festzustellen. Obwohl einer solchen Engführung zugute gehalten werden mag, Geschichte auf den eigenen Alltag zu beziehen und Identität zu stiften, birgt sie doch die Gefahr von Stereotypenbildung, nationalistischem Gedankengut und Simplifizierung weltgeschichtlicher Entwicklungen. Trotz vielfacher Kritik aus den Gesellschafts- und Geisteswissenschaften tun sich Ansätze sogenannter postkolonialer Geschichtsvermittlung noch schwer damit, ein Umdenken im Geschichtsunterricht voranzutreiben. Der Grund ist nicht selten der Mangel an geeigneten – d.h. nicht eurozentrischen – Quellen und Darstellungen. Ein Unterricht, der Fremdverstehen und Interkulturalität ernst nimmt, bedarf aber eines multiperspektivischen Blickes auf die Weltgeschicke, der Europa als einen Teil der Welt versteht.   [TM]

Ansichtssache

Das ist kompliziert. Wo bin ich denn jetzt? Wo sind Deutschland und Europa? Die sind doch eigentlich immer in der Mitte und alle anderen Kontinente rundherum angeordnet. Vielleicht drehe ich die Karte. Jetzt kann ich die Beschriftung nicht mehr lesen. Rechts außen, unter Afrika, das könnte Europa sein. Es verschwindet fast, so klein ist es gegenüber den anderen Erdteilen. Ist es nicht mehr als ein Zipfelchen der großen Landmasse, die von der Russischen Föderation und China beherrscht wird?
[JvN]

Zum Weiterlesen
Alterität,
Globalität,
Identität,
Race

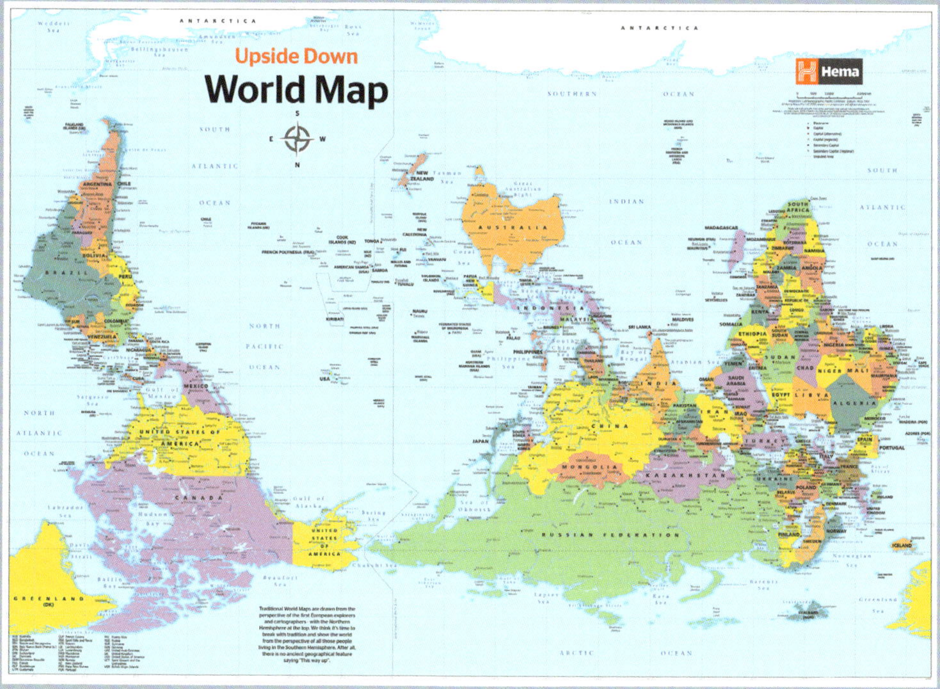

Abb. 14 | Herma Maps, Upside Down World, o. J.

Fakten

Sie werden in allen Lebens- und Arbeitsbereichen gern als sichere Instanz genutzt. Fakten suggerieren Wahrheit, die für alle gleichermaßen gültig und logisch ersichtlich sein soll. In polizeilichen, journalistischen und geschichtswissenschaftlichen Texten werden aus Indizien schließlich Fakten, wenn sie anhand von Beweisen einer Überprüfung standhalten. Sie werden damit nicht selten zu etwas Unumstößlichem gemacht, das ein solides und zuverlässiges Gerüst für anstehende Entscheidungen zu sein verspricht. Ein Fakt ist jedoch lediglich etwas menschlich Gesetztes, das aus der Beurteilung einer Sachlage resultiert. Solche Setzungen begründen ihren Anspruch auf Allgemeingültigkeit mit Konventionen, die bestimmte wissenschaftliche, soziale, politische und kulturelle Überzeugungen, Normen und Werte sowie eine gemeinsame Sprache voraussetzen. Folglich können Änderungen dieser Konventionen, eine neue Beweislage oder ein Perspektivwechsel zu neuen Beurteilungen und damit zu veränderten Fakten führen. Wurde Julius Caesar an den Iden des Märzes 44 v. Chr. niederträchtigerweise ermordet oder mit dieser Tat die römische Republik befreit? Kolumbus hat Amerika (wieder-) entdeckt – oder waren es die Ureinwohner Amerikas, die Kolumbus entdeckt haben? Bei der Verwendung von Fakten ist stets zu fragen, welche Perspektive, welche Konvention dahintersteht und welche Beweise vorgelegt werden. Worin besteht der wahre, überprüfbare Kern eines Fakts? Eine solche kritisch-realistische Sicht reicht dem Konstruktivismus noch nicht aus, er sieht in Fakten nicht mehr als eine Konstruktion. Kann man überhaupt etwas als sicher oder wahr annehmen, wenn die Quellen, mit denen die Geschichtswissenschaft ihre Fakten beweisen will, doch ebenfalls nur perspektivische Konstrukte sind? Aber brauchen Menschen nicht eine gewisse Sicherheit, um im Jetzt zu leben und das Morgen zu planen? Dafür bedarf es vielleicht der Akzeptanz anthropologischer Konstanten – der Naturgesetze, des zeitlichen Nacheinanders und der Existenz des Selbst und der anderen –, die für alle Menschen gelten. [TM]

Ansichtssache

Gibt es schwarze Schwäne? Schwäne sind doch immer weiß. Raben und Krähen, vielleicht noch Dohlen sind die einzigen schwarzen Vögel in unseren Breitengraden. Ich habe Bilder von havarierten Öltankern vor der Nordseeküste gesehen. Die Strände waren schwarz und die sterbenden Seevögel mit ihrem verklebten Gefieder ebenso. Der Schwan hier wirkt aber lebhaft und gesund. Er schaut mich so treu an. Dann wird es wohl wahr sein. Es gibt schwarze Schwäne. Vielleicht kommt er von weit her, wo alles anders ist.
[JvN]

↓
Zum Weiterlesen
Anthropologie,
Fiktion,
Konstruktivismus,
Kontrafaktische
Geschichte,
Realismus

Abb. 15 | Lothar M. Peter, Schwäne am Niederrhein, 2009.

A
C
E
F
G
H
I
K
L
M
N
O
P
Q
R
S
T
U
V
W
Z

Fiktion

Während Fakt als gesichertes Wissen oder gar Realität verstanden wird, gelten Fantasie und Fiktion als etwas schlicht Erdachtes. Allerdings können fiktive Erzählungen durchaus auf realen Personen, Orten, Naturgesetzen und für die Gegenwart vorstellbaren technischen Entwicklungen basieren, die mit einem zumindest als real denkbaren Kontext verknüpft werden. Aus konstruktivistischer Sicht ist zu fragen, inwieweit nicht auch Fakten fiktiv sind. Als Fakt wird häufig bezeichnet, dass die deutsche Niederlage in Stalingrad das Ende des deutschen Vormarschs im Zweiten Weltkrieg einläutete. Aber gesichert sind doch nur Ort und Datum der deutschen Kapitulation in Stalingrad. Alles andere ist das Produkt späterer, standortgebundener und retrospektiver Beurteilungen der Sachlage auf Basis einer bruchstückhaften Überlieferung. Zwei örtlich und zeitlich unabhängige Ereignisse, die Kapitulation und der Rückzug, sind zusammengedacht worden. Ist das nicht auch eine Form von Fiktion? Worin besteht dann z. B. der Unterschied zum historischen Roman? Fiktive Elemente sind schlicht notwendig, um Lücken in unserem Wissen über vergangene Ereignisse mithilfe von Vermutungen und Deutungen zu schließen und eine zusammenhängende Geschichte zu erzählen. Und mehr noch: Wenn ich die aktuelle Bedeutung des Überfalls des nationalsozialistischen Deutschlands auf die Sowjetunion ermitteln möchte, muss ich mir einen triftigen Zusammenhang ausdenken, der über das rein chronologische Nacheinander hinausgeht und damit dem Geschehen an sich nicht anhaftet. Folglich verschwimmen die Grenzen von Faktischem und Fiktivem; der Konstruktcharakter von Geschichte wird sichtbar. Vor diesem Hintergrund mag die Diskussion zu „Fake News" oder „alternative facts" in einem neuen Licht erscheinen. Letztlich kommt es hier wie generell bei Quellen und Darstellungen auf die Perspektive an, aus der heraus geschrieben bzw. geredet wird: Jeder Mensch handelt, erinnert und erzählt standortgebunden.

[TM]

Ansichtssache

Die Szene ist ja viel zu brutal, um sie Schüler*innen zeigen zu können. Dabei ist sie doch so anschaulich und viel ansprechender als ein trockener Quellentext. Man hat das Gefühl, dabei zu sein, als würde man selbst begeistert auf der Tribüne sitzen. Ich würde natürlich den Daumen nicht nach unten strecken wie die Personen in der ersten Reihe, denn das bedeutet ja, dass der siegreiche Gladiator den Unterlegenen töten muss. Das Bild ist wirklich realistisch, es ist wie im Fernsehen.

[JvN]

↓
Zum Weiterlesen
Fakten,
Konstruktivismus,
Perspektivität,
Realismus,
Sinnbildung

Abb. 16 | Jean-Léon Gérome, Pollice Verso, 1872.

Gegenwartsbezug

Die Gegenwart bedingt die Betrachtung anderer Zeiten! Phänomenologisch findet sich darin die Vorstellung, der Blick in die Vergangenheit oder Zukunft sei stets ein Produkt unserer gegenwärtigen Perspektive. Sie bestimmt, was wir uns zum Gestern und zum Morgen anschauen, wie wir es deuten und darüber urteilen. Ist dann aber eine historische Betrachtung ohne Gegenwartsbezug überhaupt denkbar? Vor allem zwei prominente geschichtsdidaktische Positionen würden das bejahen, jedoch liegt ihnen auch ein anderer Ansatz zugrunde: Aktuelle gesellschaftliche und politische Entwicklungen resultieren aus vergangenen Entscheidungen oder geben diesen erst eine Bedeutung. Warum wird am 3. Oktober gefeiert? Warum reagieren viele besorgt, wenn in der Öffentlichkeit nationalistische Töne geschwungen werden? Unsere gegenwärtige Lebenswelt bietet unzählige Anknüpfungspunkte zu Vergangenem, wodurch Orientierung unweigerlich eine Auseinandersetzung des Heute mit dem Gestern einschließt und Erwartungen an das Morgen generiert. Nach Jörn Rüsen ist das Sinnbildung, die Gegenwart dabei stets Dreh- und Angelpunkt historischen Erzählens (Erzähltypologie): ob nun als Fortsetzung der Vergangenheit (Tradition), als Kontrast zur Vergangenheit (Kritik) oder als Symbiose von beidem (Genese). Für Klaus Bergmann hingegen stehen „große Fragen" der Gegenwart im Fokus, auf die sich historische Betrachtungen beziehen: Relikte der Vergangenheit liegen in der Gegenwart vor und bedürfen einer Kontextualisierung (Vergangenheitsbezüge). Diese können kausal bedingt sein, d. h., sie haben ihren Ursprung im unmittelbaren und chronologisch fassbaren Vergangenen (Ursachenzusammenhang). Andere Fälle verlangen nach Vergleichbarkeit mit ähnlichen Strukturen in der Vergangenheit, d. h. dem Suchen nach Beispielen, mit denen gegenwärtiges Verhalten gerechtfertigt werden kann (Sinnzusammenhang). Mit dem Gegenwartsbezug als Prinzip historischen Lernens prägt Bergmann die unterrichtliche Beschäftigung mit Geschichte bis heute entscheidend. [TM]

Ansichtssache

Eine Briefmarke zum Jubiläum. Und spätestens jetzt dürfte jede*r etwas mit diesem Mann aus Wittenberg anfangen können, nachdem es eine ganze Dekade lang aus allen Kanälen prasselte. Dieser Luther ist in der Gegenwart angekommen. Fast im Warhol-Stil. Spannend, wie er gerahmt ist zwischen dem Anfangswort und dem 500-jährigen. Dieses Jubiläum war sicher ein PR-Erfolg. Aber hat es auch Spuren hinterlassen? Hat es einen Luther ins 21. Jahrhundert transportiert? Was ist davon geblieben? Was wird bleiben? Spucke drauf und ab die Post! Oder löst der Kopf auf dem Postwertzeichen noch mehr aus? Und was bei wem?

[LD]

↓
Zum Weiterlesen
Geschichtsunterricht, Narration, Problemorientierung, Sinnbildung

Abb. 17 | Bundesamt für Finanzen/Graschberger, Luther-Briefmarke, 2017.

Geschichte

Geschichte ist ein Studien- und Unterrichtsfach, eine Wissenschaft, etwas, das geschrieben oder erzählt wird, und hat irgendwie mit Vergangenheit zu tun. Bei dieser großen Bandbreite des Begriffs überrascht es nicht, wenn es zu Missverständnissen kommt. Werden Schüler*innen im Geschichtsunterricht gebeten, eine Geschichte zu schreiben, erfinden sie häufig etwas, ohne auf überliefertes Material zu achten. Die Antike unterschied zwischen „res gestae", dem, was geschehen ist, und „historia rerum gestarum", der Erzählung davon, was geschehen ist. Das Wort „historia" stand aber auch für „Erforschung", „Wissenschaft", „Darstellung" und „Geschichtsschreibung". Lange Zeit ging man davon aus, dass es viele solcher Erzählungen gibt. So beanspruchte jedes Adelsgeschlecht, seine eigene Familiengeschichte zu haben. Die Vielzahl der Geschichten wurde von der einen, allgemeingültigen Geschichte ersetzt, als die europäische Aufklärung begann, von der Gleichheit aller Menschen und der einen, unteilbaren Menschheit zu reden. Diese Vorstellung war mit dem Vertrauen auf Fortschritt verbunden. Die Menschheit werde im Laufe ihrer Geschichte immer vollkommener, bis sie schließlich aus eigener Kraft das Paradies auf Erden errichte. Dieser Optimismus zerbrach unter anderem an den Katastrophen der Weltkriege, Hiroshimas und Nagasakis sowie des Holocaust. Heute fürchtet man, die Menschheit führe ihren eigenen Untergang herbei, weil sie die Natur unrettbar zerstöre. Die in Europa entstandene Idee von der einen Geschichte wird außerdem als eurozentrisch und patriarchalisch abgelehnt. An ihre Stelle treten wieder viele einzelne, unterschiedliche Geschichten, die standortgebunden erzählt werden und gleichberechtigt nebeneinanderstehen sollen. Was Geschichte eigentlich ist, bleibt also umstritten, wie auch der folgende Versuch, den Begriff zu definieren: Geschichte ist Narration. Sie besteht aus Erzählungen, die Fragen der Gegenwart mit dem interessengeleiteten Blick auf die Vergangenheit um einer tragfähigen, erträglichen Zukunft willen zu beantworten versuchen. [JvN]

Ansichtssache

Ein Grau in Grau an diesem Tag kurz vor Weihnachten 1997. So ist es der digitalen Zeitangabe zu entnehmen, die einmal der letzte Schrei der Analogfotografie war. Koselleck hat damit eine Reihe weiterer Zeitpunkte verschränkt: den Kölner Dom (von hinten), eine Regionalbahn (von vorn). Und über allem thront ein patiniertes Reiterstandbild. Das Spannende ist die Bewegung mindestens von Reiter und Zug, die beide auf unterschiedliche Zeiten verweisen und sich aufeinander zubewegen. Ob das als Geschichte festzuhalten lohnt, müssen wohl die Betrachter*innen entscheiden.
[LD]

Zum Weiterlesen
Historizität,
Narration,
Perspektivität,
Sinnbildung,
Zukunft

Abb. 18 | Reinhart Koselleck, Köln, 1997.

G

Geschichtsbewusstsein

Geschichtsbewusstsein wird häufig als Sammelbegriff verwendet, der unterschiedliche Dinge umfasst: Geschichtsverlangen, -bilder und -theorien, Hermeneutik, Epistemologie und Narrationen. Das alles ist historisches Denken, Geschichtsbewusstsein aber vom Wortlaut her nur, was Menschen bewusst ist. Das heißt, sie wissen, warum sie sich mit der Vergangenheit beschäftigen, wie ihre Geschichtsbilder aussehen und nach welchen Regeln sie Geschichten erzählen. Wer sich den Bauplan seines historischen Denkens vor Augen führt, erkennt, dass er*sie ihn selbst gezeichnet hat. Dieses Wissen hilft, sich selbst und andere kritisieren, aber auch anerkennen zu können. Geschichtsbewusstsein ist eine Voraussetzung für Toleranz. Es kann festgefahrene Vorstellungen von der Vergangenheit verflüssigen, sodass Menschen sich über ihre Geschichten unterhalten können, ohne durch althergebrachte Feindbilder daran gehindert zu werden. Weil Geschichtsbewusstsein untrennbar mit kühler Distanz verbunden ist, stellt es Emotionen hintenan. Vielleicht bringt es eine gewisse Traurigkeit, vielleicht auch Wut mit sich, weil es den Abschied von liebgewonnenen, vertrauten Geschichten und ihren Helden bedeutet. Geschichtsbewusstsein ist sachlich, logisch und analytisch, kurz gesagt vernünftig. Es bemüht sich um Triftigkeit. Emotion oder besser domänenspezifisches Geschichtsverlangen läuft nicht zwangsläufig auf Feindbilder hinaus. Es ist an sich nicht mehr oder weniger wert als Geschichtsbewusstsein. Es geht hier um begriffliche Klarheit, nicht um Werturteile. Wer Geschichtsbewusstsein in dieser Art und Weise als Geschichtsbewusstheit, als Selbstreflexivität historischen Denkens versteht, tut dies natürlich standortgebunden. Die gerade vorgestellte Definition geht auf Karl-Ernst Jeismann zurück. Als Deutschland 1945 vom Faschismus befreit wurde, war er 20 Jahre alt. Er hatte erlebt, wie die Nationalsozialisten sehr erfolgreich Geschichte missbrauchten, um Menschen zu fanatischen Anhängern des sogenannten „Dritten Reiches" zu machen. Kann die Selbstreflexivität historischen Denkens ein Gegenmittel sein?   [JvN]

Ansichtssache

Wo sich menschliche Gedanken auf ein Objekt der Vergangenheit richten, wird Geschichte sichtbar. Aber womöglich ist sie nur ein gedankliches Konstrukt? Wir können nicht erkennen, ob das, was im Licht der Gedankenblase hervortritt, real existiert oder nur im Kopf des Betrachters die Gestalt von Burg und Rahmen, von zwei Perspektiven und Zeitschichten annimmt. Nur gedacht sind jedenfalls die Buchstaben – aber gerade das Versprachlichen, das Erzählen von Geschichte macht die Relikte der Vergangenheit greif- und vermittelbar.
[PR]

↓
Zum Weiterlesen
Epistemologie,
Geschichte,
Geschichtsbild,
Konstruktivismus,
Theorie

Abb. 19 | Johanna van Norden, Innenansicht, 2018.

Geschichtsbild

Geschichtsbild – ist sowas nicht ein Ölgemälde, auf dem ein Ereignis der Vergangenheit dargestellt ist: Hermann, der Cherusker, und sein Bruder im Streit an der Weser im Jahr 9 nach unserer Zeitrechnung, die Schiffe des Kolumbus 1492, der Westfälische Frieden, der 1648 in Münster geschlossen wurde, oder die Kaiserkrönung 1871 im Spiegelsaal von Versailles? Alle diese Bilder, so unterschiedlich sie sein mögen, zeigen nicht, wie es damals gewesen ist. Sie sind das Ergebnis der Vorstellungskraft und der Absichten derer, die sie gemalt haben. Das Gleiche gilt für Fotos, von denen man fälschlicherweise erwartet, dass sie die Realität wiedergeben, aber auch für die Texte, mit denen in der Geschichtswissenschaft gearbeitet wird, um sich ein Bild von der Vergangenheit zu machen. Der Geschichtsphilosoph R. G. Collingwood war davon überzeugt, dass man sich das, was einmal gewesen ist, nur vorstellen, es aber nicht wahrnehmen kann. Was Menschen aus der Vergangenheit machen, ist ein Geschichtsbild. Es ist also viel mehr als nur Ölgemälde und Fotos. Es umfasst alle Produkte historischen Denkens wie u. a. die Geschichtsschreibung. Diese Produkte sind stets standort- und gegenwartsgebunden, sodass man ihnen kritisch begegnen muss. Der Begriff „Geschichtsbild" macht deutlich, dass es sich um Künstliches, um Artefakte, um Menschenwerk handelt und nicht um objektive Darstellungen der Vergangenheit. Geschichtsbilder sind indirekt immer narrativ angelegt, weil man sie aus seiner eigenen Gegenwart heraus entwirft und dabei auf das schaut, was noch von der Vergangenheit übrig geblieben ist. Sie können aber ihren Gegenwartsbezug verschweigen, als ob es nur die Vergangenheit gäbe. Bei einem solchen entrückten Erzählen handelt es sich eigentlich nicht um eine Narration. Bei der Betrachtung wünscht man sich in diesem Fall Unterhaltung und nicht Antworten auf Fragen der Gegenwart. Vielleicht zeigen Geschichtsbilder nur das, was wir sehen wollen. Oder haben sie die Macht, uns in die Richtung zu lenken, die den „Künstler*innen" vorschwebte? [JvN]

Ansichtssache

Hat so die Landwirtschaft in der Steinzeit ausgesehen? Dem Maler gebührt Respekt für diese detailgetreue und lebendige Wiedergabe der Vergangenheit. Er muss diese harmonische Szene ja beinahe real miterlebt haben. Jetzt habe ich ein Bild von den damaligen, hart arbeitenden Menschen! Solche Häuser sieht man schließlich auch in einigen Museen. Obwohl: Die Frisur des Bauern am Hakenpflug kommt mir irgendwie bekannt vor. Und etwas stört mich an der auffällig weißen Bekleidung der spielenden oder wetteifernden Personen im Hintergrund. Woher kenne ich das? [TM]

Zum Weiterlesen
Gegenwartsbezug,
Hermeneutik,
Ideologiekritik,
Imagination

Abb. 20 | Hans Reinerth, Der Hakenpflug (Jüngere Steinzeit), um 1935.

Geschichtsdidaktik

Didaktisches Fragen ist Fragen nach dem „Warum". Geschichtsdidaktik geht es um das Begründen der Anwesenheit von Vergangenheit als Geschichte in der Gegenwart. Sie ist „Reflexionswissenschaft" (Pandel). Weil Vergangenheit vergangen und nicht gegenwärtig ist, muss es bedeutsame Gründe geben, warum diese Vergangenheit vergegenwärtigt werden soll, warum erinnert und nicht vergessen wird. Geschichtsdidaktik sucht nach Antworten auf diese Fragen. Sie beschreibt Zustände und begründet Absichten. Sie reflektiert den Prozess, bei dem Vergangenes in die Zukunft getragen wird. Geschichtsdidaktik bewegt sich im Spannungsfeld von fachwissenschaftlichen und bildungswissenschaftlichen Bezügen und tut sich nicht immer leicht dabei. Bernd Schönemann hat die Forschungsansätze der Geschichtsdidaktik einsichtig geordnet: Prozesse historischen Lernens werden erfasst und beschrieben (Empirie), verstehend reflektiert (Theorie) und es wird nach Wegen ihrer Gestaltung gesucht (Pragmatik). Stets geht es dabei um Antworten auf normative Fragen. Traditionellerweise sind Fachdidaktiken unterrichtsbezogen. Man könnte mit Erich Weniger und Wolfgang Klafki zwischen Didaktik (warum) und einer nachgeordneten Methodik (wie) unterscheiden. Als unterrichtsbezogene Wissenschaft beschäftigt sich Geschichtsdidaktik heute mit beidem. Als in den 1970er-Jahren in der Bundesrepublik verstärkt um die gesellschaftliche, politische Bedeutung historischen Lernens gestritten wurde, blieb zwar ein politischer, emanzipatorischer Ansatz auf der Strecke. Mit dem Leitbegriff des Geschichtsbewusstseins setzte sich aber ein Ansatz durch, der den Gegenstand der Geschichtsdidaktik als deutlich über den Schulunterricht hinausgehend begreift. Folgerichtig ist heute die ganze Breite der Geschichtskultur Objekt geschichtsdidaktischer Reflexion. Die Grenzen zu anderen Feldern sind dabei unscharf, etwa zur besonders von der Zeitgeschichte betriebenen Erinnerungskultur oder zur stärker außerwissenschaftlich orientierten Public History. [LD]

Ansichtssache

Was hilft mir der Fahrplan, wenn ich noch gar nicht weiß, wo ich hinwill? Was könnte interessant sein? Wenn es um Schule geht, sind das Lernende und Lehrkräfte, die liegen hier eigentlich nicht weit auseinander. Welche Verbindung ist die kürzeste? Um in die richtige Richtung zu fahren, muss ich den Zielbahnhof der jeweiligen Linie wissen, aber in die Außenbezirke fahre ich erst einmal nicht, denn ich will ja ins Zentrum. Manche Stationen haben seltsame Namen. Am Netz wird noch gebaut.
[JvN]

↓

Zum Weiterlesen
Auswahlproblematik, Emanzipation, Geschichtsbewusstsein, Geschichtsunterricht, Historisch-politische Bildung

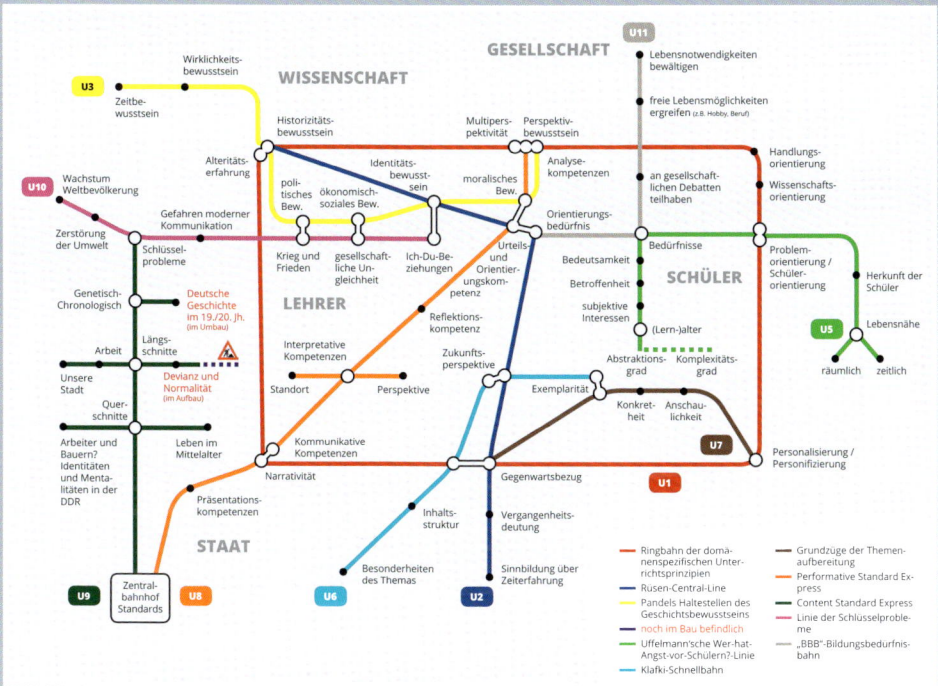

Abb. 21 | Abdullah Nurel/David Muschke, Fahrplan Geschichtsdidaktik, 2013.

Geschichtskultur

Geschichte wird nicht nur von Historiker*innen gemacht und verhandelt. Sie taucht in Werbung auf, im Museum, auf der Einkaufstüte, dem Mittelaltermarkt, in Bundestagsdebatten etc., auch im Schulbuch. Obwohl die Vergangenheit vorbei ist, wird sie als Geschichte in allen Lebenslagen wieder aufgekocht. Um diese Vielfalt zu beschreiben, hat sich seit einigen Jahren der Begriff „Geschichtskultur" etabliert. „Kultur" wird in diesem Zusammenhang nicht alltagssprachlich im Sinne von „Opernhaus-Kultur" (P. Burke) verstanden, sondern analytisch, um das Verhältnis zwischen Individuum und Gesellschaft zu charakterisieren. Kultur beschreibt den Prozess, in dem Menschen Wertvorstellungen und Handlungsmuster austauschen. Vermittelt werden solche Prozesse immer durch konkrete Produkte und Praktiken. Geschichtskultur ist nicht etwas besonders historisch Wertvolles, sondern sie umfasst alle Formen, in denen Geschichte Ausdruck findet (Produkt) und in ihrem Wert für die Gegenwart verhandelt wird (Prozess). Der Begriff der Geschichtskultur hilft, diese Phänomene klarer zu erfassen, in ihren Formen, ihren Absichten, ihren Wirkungen, ihrer politischen Indienstnahme und ihrem Konfliktpotenzial, den dabei verhandelten Wertvorstellungen und dem stetigen Wandel all dessen. J. Rüsen unterscheidet eine ästhetische, politisch-moralische und kognitive Dimension. B. Schönemann und H.-J.Pandel beleuchten besonders die institutionellen und medialen Aspekte. Der Erfolg des Begriffs Geschichtskultur gründete besonders darin, dass er den älteren Leitbegriff des Geschichtsbewusstseins kongenial ergänzte. Wie „zwei Seiten einer Medaille" (Schönemann) bedingen sich ein eher individualpsychologisches Wirken von Geschichte (Bewusstsein) und dessen konkrete und gesellschaftliche Formiertheit (Kultur). Jede Geschichte bedeutet etwas. Die öffentliche Verhandlung dieser Bedeutungen ist Geschichtskultur. Kompetenzorientierter Geschichtsunterricht ist darauf aus, Lernende auf die mündige Teilhabe an Geschichtskultur vorzubereiten.

[LD]

Ansichtssache

Der steinerne Kopf eines bärtigen Glatzkopfs ist gerade mithilfe eines Krans auf einem Podest oder der Ladefläche eines Lkws abgesetzt worden oder soll er vielleicht gerade erst hochgehoben werden? Die beiden Personen, die rechts und links neben dem Kopf stehen, scheinen sich auszutauschen, was als Nächstes geschehen soll. Oder wird dem Kranführer ein Zeichen gegeben? Wird ein Denkmal errichtet oder abgebaut? Die Presse ist anwesend, um das Geschehen festzuhalten. Der Glatzkopf ist wichtig.

[JvN]

↓
Zum Weiterlesen
Geschichts-
bewusstsein,
Geschichtsunterricht,
Kompetenzen,
Narration

Abb. 22 | Tobias Schwarz, Der Kopf eines Lenin-Denkmals auf dem Weg ins Museum, 2015.

A
C
E
F
G
H
I
K
L
M
N
O
P
Q
R
S
T
U
V
W

Geschichtspolitik

Der Begriff „Geschichtspolitik" beschreibt ein Handlungsfeld, in dem zivilgesellschaftliche und politische Akteur*innen Geschichte für ihre Interessen nutzen. Ihr politisches Handeln beruft sich dabei auf historische Argumente und versucht, Deutung und Repräsentation von Vergangenheit zu beeinflussen. Interessengruppen nehmen in einem öffentlichen Aushandlungsprozess Partei, um die Deutungshoheit ihres Geschichtsbildes durchzusetzen und Wahrnehmungsfilter zu schaffen. Neben der historischen Legitimation des eigenen Handelns dient dies oftmals der Bildung von Traditionen und kollektiven Identitäten. Welche Geschichtsbilder sich in Diskursen und der medialen Öffentlichkeit durchsetzen und historisches Denken z. B. in Form von Reden, Gedenktagen und -stätten, Museen und Denkmälern prägen, ist dabei stets abhängig von gesellschaftlichen (Macht-)Strukturen.

Immer wieder wird gefordert, dass Geschichtswissenschaft nicht zur Geschichtspolitik verkommen, für politische Konzepte instrumentalisiert werden und zur Vereinnahmung in ein „Erinnerungskollektiv" führen dürfe. Debatten um den Begriff und den politischen Umgang mit Geschichte wurden in den 1980er-Jahren („Historikerstreit") und in den 1990er-Jahren im Kontext der mehrfach gebrochenen deutschen Geschichte geführt. Nicht abzustreiten ist, dass Menschen seit Jahrhunderten auf die Vergangenheit zurückgreifen, um ihr (politisches) Handeln in Gegenwart und Zukunft zu legitimieren. Vor geschichtspolitischen Eingriffen in Lehrpläne und -bücher ist auch der Geschichtsunterricht nicht gefeit. Versteht man Geschichtspolitik aber als analytischen Begriff, so können mit seiner Hilfe politisch motivierte Geschichtsbilder im Unterricht kritisiert werden. Eine zentrale, aber offene Frage bleibt, ob und wie Geschichtswissenschaft und -didaktik Geschichtspolitiken nicht nur mit plausiblen Argumenten dekonstruieren, sondern ihnen auch mit triftigen eigenen Geschichtsbildern entgegentreten und damit selbst zu Gestalter*innen im Diskurs werden sollen. [NM/WS]

Ansichtssache

Nach den türkischen Massakern an den Armenier*innen im Ersten Weltkrieg und dem Exodus der Überlebenden entstanden Diasporagemeinden armenischer Christen, u. a. auch im armenischen Viertel Jerusalems. Dort wurde 1997 diese „Map of the Armenian Genocide" plakatiert und schließlich mutwillig zerstört. Die Türkei leugnet den Genozid bis heute. Frankreich hat seine Leugnung gesetzlich unter Strafe gestellt, Deutschland ihn anerkannt. Für die Armenier*innen ist der 24. April als Gedenktag für die „Aghet", die Katastrophe, etwas, das sie trotz räumlicher Distanz weltweit miteinander verbindet. [JvN]

↓
Zum Weiterlesen
Geschichtsbild,
Geschichtskultur,
Geschichtsunterricht,
Identität,
Ideologiekritik

Abb. 23 | Henning Langenheim, Karte des armenischen Völkermords, 1997.

Geschichtsunterricht

Als allgemein anerkanntes, wenngleich schwer konkret fassbares Ziel des Geschichtsunterrichts gilt in
Deutschland heute die Förderung eines reflektier-
ten und (selbst-)reflexiven Geschichtsbewusstseins bei
den Schüler*innen. Der Geschichtsunterricht will ihnen
dazu Anhaltspunkte für die Orientierung in der Zeit bieten; sein Kernanliegen ist nach geschichtsdidaktischer
Theorie der kritische Umgang mit historischen Narrationen, um deren Konstruktcharakter deutlich zu machen. Grundprinzipien, derer der Geschichtsunterricht
sich dabei bedient, sind u. a. Multiperspektivität, Kontroversität, Pluralität, Gegenwartsbezug, Problem-, Sub-
jekt- und Handlungsorientierung. Damit kann er einen
Beitrag zur demokratischen Werteerziehung und Identitätsbildung der Schüler*innen leisten, ohne in einer plu-
ralen Gesellschaft selbst überwältigend und identitäts-
stiftend sein zu sollen.

Aus lerntheoretischer Sicht gilt für den Geschichtsunterricht, dass die in anderen Fächern verbreiteten
Modelle von „conceptual change" nur bedingt umsetzbar sind: Der Geschichtsunterricht kann weit weniger
als etwa die Naturwissenschaften auf unhintergehbare
Gesetzmäßigkeiten zurückgreifen bzw. in Abgrenzung
davon „Fehlvorstellungen" definieren. Geschichtsbilder der Schüler*innen entziehen sich – innerhalb eines
durch das Vetorecht der Quellen gesetzten Rahmens –
der Beurteilung, wohingegen z. B. ihre Vorstellungen
vom Prozess historischer Erkenntnisgewinnung im Geschichtsunterricht durchaus im Sinne fachlicher Konzepte verändert werden können.

In der Schulpraxis greifen auch andere Fächer historische Themen auf und dem Geschichtsunterricht damit
inhaltlich vor. Zugleich ist aber die Betrachtung kultur-
geschichtlicher Entwicklungen in anderen Fächern zu-
rückgegangen, ohne dass dies zu einer stärkeren Berücksichtigung dieser Themen im Fach Geschichte geführt
hätte. Umso wichtiger ist daher ein inhaltlich und methodisch breit gefächerter Geschichtsunterricht, der die
Kompetenzen historischen Denkens gezielt fördert. [PR]

Zum Weiterlesen
Historisches Lernen,
Historisch-politische
Bildung,
Lehrplan,
Perspektivität,
Problemorientierung

1914 – 1918   1. Weltkrieg
1939 – 1945   2. Weltkrieg

VERZEICHNIS

DER

IN DER HÖHEREN SCHULE ZU LERNENDEN

GESCHICHTSZAHLEN

6. AUFLAGE.

BESTELLNUMMER: S 30

DRUCK UND VERLAG: KARL W. NEUMANN, FREIBERG / SA.

1917	Flandernschlacht.
1917	Uneingeschränkter UBoot-Krieg.
1917	Russische Revolution.
1917	Durchbruchsschlacht von Flitsch und Tolmein.
21. 8. 1918	Der große deutsche Frühlingsangriff.
8. 8. 1918	Der schwarze Tag im Westen.
9. 11. 1918	Novemberrevolte.
28. 6. 1919	Diktat von Versailles.
20. 4. 1889	Hitler geb.
24. 2. 1920	Verkündung des Programms der NSDAP.
Mai 1921	Annaberg.
1923	Ruhrkampf, Separatistenabwehr.
26. 5. 1923	Schlageter erschossen.
9. 11. 1923	Der Marsch zur Feldherrnhalle.
1925	Neugründung der NSDAP.
1925	Hindenburg Reichspräsident.
1925	Locarno.
30. 1. 1933	Machtergreifung.
21. 3. 1933	Tag von Potsdam.
14. 10. 1933	Austritt aus dem Völkerbunde.
2. 8. 1934	Hindenburg gest.
Januar 1935	Rückkehr des Saarlandes.
März 1935	Allgemeine Wehrpflicht.
März 1936	Wehrhoheit am Rhein.
März 1938	Heimkehr der Ostmark.
Oktober 1938	Heimkehr des Sudetenlandes.
März 1939	Heimkehr des Memellandes; Reichsprotektorat Böhmen und Mähren.

15

Abb. 24 | Unbekannte*r Autor*in, Verzeichnis der in der höheren Schule zu lernenden Geschichtszahlen, 1939.

Geschlecht*er

Es scheint ganz selbstverständlich, dass wir Menschen, denen wir im Alltag begegnen, ein Geschlecht – Frau oder Mann – zuordnen. Unbewusst bleibt oft, dass diese binäre Unterscheidung nichts „Natürliches" ist, sondern eine soziale Konstruktion, also etwas, das gesellschaftlich ausgehandelt wird. Geschlecht und Geschlechterdifferenz vornehmlich auf die Natur zurückzuführen ist aber problematisch: Unter anderem werden so Unterdrückungsverhältnisse gerechtfertigt, wie z. B. die Zuweisung (un)bezahlter Fürsorgearbeit an Frauen*. Zudem bildet die Geschlechterdichotomie Frau – Mann bei Weitem nicht die Vielfalt und Veränderbarkeit von Geschlecht ab. Biologisches (engl.: „sex") und soziales Geschlecht („gender") stehen in einem komplexen, wechselseitigen Verhältnis. Außerdem ist Geschlecht mit anderen Kategorien wie „race" oder „class" verbunden (Intersektionalität). Geschlecht strukturiert und strukturierte wirkmächtig und oft gewaltvoll Gemeinschaften und Gesellschaften, in Vergangenheit wie Gegenwart. Es stellt sich die Frage, wie Geschlechterverhältnisse das Leben zu früheren Zeiten bestimmten. Ein Blick in die Frühgeschichte zeigt, dass Frauen ebenso wie Männer jagen gingen, um das Überleben der Gruppe zu sichern – anders als Darstellungen in Schulbüchern es behaupten. War also die Geschlechterdifferenz für die Menschen damals weniger wichtig als heute? Geschlecht als „Category of Historical Analysis" (Joan Scott) ficht Geschichte als Erzählung von und über Männer an und bringt seit der Entstehung der Frauen- und Geschlechtergeschichte (1970/80er-Jahre) neue Perspektiven in die Geschichtswissenschaft ein. Im Geschichtsunterricht sollten Frauen*, Transpersonen und andere als historische Akteur*innen vorkommen, ohne Unterdrückung auszuklammern. Findet eine Auseinandersetzung mit Geschlechterbildern und Machtstrukturen in Vergangenheit und Gegenwart statt, wird Konstruktion und Wandel der Geschlechterverhältnisse erfahrbar. Lernende können dadurch ihre Gegenwart kritisch beurteilen und selbstbestimmt handeln.   [WS]

Ansichtssache

Der Stern leuchtet hell in grauer Nacht. Eigentlich müssten doch viel mehr Sterne zu sehen sein, wo doch erstens keine Wolke den Himmel trübt und zweitens Väterchen Mond unsichtbar bleibt. Er fällt als Konkurrenz aus. Drittens glänzt die sonst doch allgegenwärtige Lichtverschmutzung menschengemachter Beleuchtung, die Straßenlaternen, Leuchtreklamen, Scheinwerfer, durch Abwesenheit. Das sind drei stichhaltige Argumente. Es ist sonnenklar: Dieser Stern muss etwas Einzigartiges sein. Er weist den Weg aus der Dämmerung in eine helle Zukunft. Lasst uns aufbrechen. Der Tag ist nicht mehr fern.
[JvN]

↓
Zum Weiterlesen
Class,
Inklusion,
Leib/Leiblichkeit,
Race,
Sprache

Abb. 25 | Asterisk, 2019.

A
C
E
F
G
H
I
K
L
M
N
O
P
Q
R
S
T
U
V
W
Z

Gesellschaftslehre

„Gesellschaftslehre" oder – in diesem Sinne – „Gesellschaftswissenschaften" sind Bezeichnungen für ein Unterrichtsfach, das an die Stelle der Fächer Geschichte, Sozialkunde/Politik und Geografie getreten ist. Mensch-Umwelt-Beziehungen sowie raumbezogene Fragestellungen werden darin mit historisch-politischer Bildung verknüpft.

Geschichte und Geografie wurden bereits im 19. Jahrhundert gemeinsam unterrichtet, die Geburt des heutigen Faches Gesellschaftslehre ist allerdings erst 1972 anzusetzen, als in Hessen eine entsprechende Rahmenrichtlinie eingeführt wurde. Die damit verbundene Stoßrichtung gegen den traditionellen Geschichtsunterricht führte zu massivem Widerstand von Historiker*innen gegen das Fach und trug indirekt zu einer Neuausrichtung der Geschichtsdidaktik bei, die im Geschichtsbewusstsein einen neuen Leitbegriff fand. Inzwischen ist „Gesellschaftswissenschaften" als Verbundfach in vielen Bundesländern etabliert; dass das Fach nach wie vor insbesondere in integrativen Schulformen unterrichtet wird, dürfte eine Spätfolge seiner politisch umstrittenen Einführung sein. Seine Grundidee, Lernfelder fächerverbindend zu behandeln, knüpft in der Sekundarstufe I an den vielperspektivischen Sachunterricht der Grundschule an; bislang kaum diskutiert ist die Frage, ob nicht eher der Unterricht der Sekundarstufe II auf eine Zusammenführung fachlicher Sichtweisen bei der Beschäftigung mit komplexen Problemen hin angelegt sein sollte. In der schulischen Wirklichkeit wird Gesellschaftswissenschaften keineswegs nur integrativ, sondern weiterhin auch fachbezogen-additiv unterrichtet. Problematisch ist – neben teilweise mit der Einführung des Faches verbundenen Stundenkürzungen – die bislang weitestgehend fehlende fachliche Ausbildung von Lehrer*innen für Gesellschaftswissenschaften. Eine eigene Didaktik des Faches ist ein Desiderat, um dessen Beseitigung sich u.a. das 2016 gegründete „Netzwerk Gesellschaftswissenschaften" mit Vertreter*innen der Lehrerbildung aus mehreren Bundesländern bemüht. [PR]

Ansichtssache

Ein Schnabeltier mag schon verwirren – ist es nun mehr Ente oder mehr Biber oder vielleicht noch etwas anderes? Es soll ein Säugetier sein, und doch legt es Eier. Es hat aber sicher wesentliche Vorteile verschiedener Tiere in sich vereint, um an seinen Lebensraum optimal angepasst zu sein. Verfolgt denn nicht jede Mischung oder Neuschöpfung – ganz gleich, ob nun Lebewesen, Dinge oder Ideen – einen bestimmten (natürlichen oder künstlichen) Zweck? Wenn dem so ist, müssten doch stets die dafür nötigen Bestandteile der einzelnen Zugaben optimal vereint werden.

[TM]

↓
Zum Weiterlesen
Anthropozän,
Geschichtsunterricht,
Historisch-politische
Bildung

Abb. 26 | Unbekannte*r Zeichner*in, Das Schnabelthier, 1877.

A
C
E
F
G
H
I
K
L
M
N
O
P
Q
R
S
T
U
V
W
Z

Globalität

In Deutschland wird Geschichte im Unterricht weitgehend mit nationaler oder (west-)europäischer Geschichte gleichgesetzt, was sich in einer durchgängigen Binnenperspektive in Lehrmaterialien und Curricula ausdrückt. Diese Perspektive lässt sich durch die Entstehungsgeschichte des Faches erklären. Der Geschichtsunterricht im 19. Jahrhundert sollte vor allem den Nationalstaat legitimieren. Klassischerweise beginnt der Geschichtsunterricht heute mit der Ur- und Frühgeschichte, springt zu den „Ursprüngen" der westlichen Kultur im Mittelmeerraum, dann zum christlichen Mittelalter, bevor es um die deutsche Nationalgeschichte geht. Ausgewählte Räume werden so in bestimmten historischen Phasen für wichtig erklärt, andere werden ausgeblendet. Große Teile der Welt erscheinen als geschichtsloser Raum. Gegenwärtigen gesellschaftlichen Herausforderungen wird der Geschichtsunterricht so nicht gerecht. Vielmehr bedarf es Zugängen, die Lernende dabei unterstützen, sich in einer global vernetzten Welt zu orientieren. Neuere globalgeschichtliche Ansätze plädieren dafür, einen Tunnelblick abzulegen, der dazu führt, dass die Geschichte Europas oder einer Nation nur aus sich selbst heraus hergeleitet wird. Alternativ werden Verflechtungen und Austauschprozesse sowie globale soziale Ungleichheiten in den Blick genommen. Einseitige, eurozentrische Sichtweisen, die globale Ereignisse als eine Art Diffusion europäischer Errungenschaften in die Welt verstehen, werden damit hinterfragt. Statt großer Weltgeschichten steht die Reflexion der Standortgebundenheit im Vordergrund. Globale Perspektiven im Geschichtsunterricht halten dazu an, sich die Beschränktheit der nationalen Perspektive bewusst zu machen und diese Binnenperspektive zu verlassen. Ereignisse in der Vergangenheit werden in ihrer globalen Dimension erfasst oder von einem anderen Standpunkt in der Welt betrachtet. Globale Verflechtungen lassen sich zudem konkret in den Lebenswelten der Lernenden ausfindig und für den Schulunterricht greifbar machen. [NiS]

Ansichtssache

Was für ein dichtes, chaotisches und doch irgendwie faszinierendes Netz an Linien! Mag man doch fast schon eine Karte darin erkennen. Sie alle scheinen früher oder später eine Verbindung miteinander einzugehen, sich zu kreuzen. Es ist kaum auszumachen, wo die einzelnen Stränge anfangen und enden. Wo ist das Zentrum, wo die Ordnung? Gibt es die hier überhaupt oder ist alles ein Zufallsprodukt? Ich muss doch irgendwo anfangen können. Vielleicht starte ich einfach irgendwo und schaue, auf welche Reise mich die Wege führen.

[TM]

↓
Zum Weiterlesen
Eurozentrismus,
Geschichte,
Geschichtsunterricht,
Perspektivität

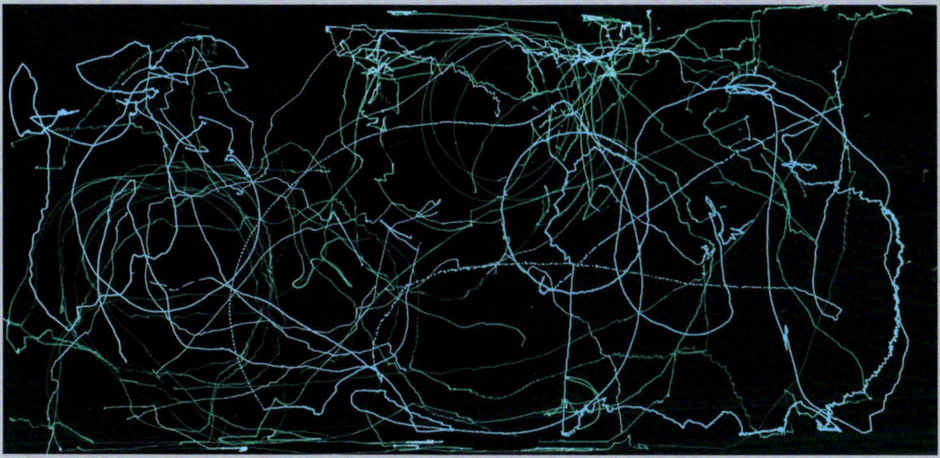

Abb. 27 | Pablo Garretón und Martin Kaulen, BY SOUND, 2020.

G

Hermeneutik

Hermeneutik ist die Methode, einen Text richtig zu verstehen und herauszufinden, wo er die Wahrheit sagt und wo nicht. Ursprünglich ging es um die Bibel. Einige Christ*innen nahmen in ihr Widersprüche wahr. Als höchste Autorität wollte man sich auf die Worte im Text verlassen, die die jeweiligen Autoren Jesus, dem Religionsstifter, zuschrieben. Aber konnte man darauf vertrauen, dass sie richtig zitiert, dass sie authentisch sind? Es stellte sich heraus, dass einige der Verfasser keine Zeitgenossen Jesu waren. Die Bibeltexte waren jeder für sich eine Mischung unterschiedlicher Sprachstile. Die Geschichtswissenschaft des 19. Jahrhunderts übernahm diese Methode, denn die Authentizität der Quellen, auf die sie sich stützen wollte, war umstritten. Gerade manche Besitzurkunden stellten sich als Fälschungen heraus, zum Beispiel die sogenannte Konstantinische Schenkung, ein Dokument, das das päpstliche Eigentumsrecht auf das Gebiet des Kirchenstaates verbrieft. Für Historiker*innen ist deshalb die Quellenkritik besonders wichtig: Wann, wo und von wem war der jeweilige Text tatsächlich verfasst worden? Gibt es mehrere Fassungen bzw. Abschriften, deren Wortlaut möglicherweise variiert? Zusätzlich vergleicht man Texte unterschiedlicher Autoren*innen, die dasselbe Geschehen oder dieselbe Situation beschreiben (Kontextualisierung). Jeismann spricht hier von einem Sachurteil, Rüsen von empirischer Triftigkeit. Wenn alles, was Menschen tun, standortgebunden ist, muss man von einer doppelten Auslegung sprechen: Erstens schildern schon die Autor*innen von damals ihre subjektive Sicht der Dinge. Zweitens deuten auch Historiker*innen diese Schilderung von ihrem individuellen und gesellschaftlich geprägten Standpunkt aus. Er unterscheidet sich von dem damaliger Autor*innen, weil die Zeit nicht stehen bleibt. Durch den Wald der Zeichen führt kein Weg zum Bezeichneten zurück. Quellenkritik und Kontextualisierung werden damit nicht überflüssig. Sie münden in soziale Konstruktionen historischer Wirklichkeit, die triftig sein mögen, aber nicht authentisch sein können.   [JvN]

Ansichtssache

Wer hat das denn gebaut? Und vor allem wie? Einzelne Wohnblöcke scheinen wie Bauklötze ohne eine erkennbare Struktur auf- und nebeneinandergestapelt worden zu sein. Würde man mir eine Wohnungsnummer nennen, ich würde verzweifeln bei dem Versuch, den Weg dorthin zu finden. Die Architekt*innen hatten vermutlich einen wohl durchdachten Plan, wie sie was und für wen angeordnet haben. Doch ohne diesen muss ich mir wohl meinen eigenen Weg durch dieses Wohnblocklabyrinth bahnen und hoffen, irgendwie das Ziel zu erreichen.
[TM]

↓
Zum Weiterlesen
Konstruktivismus, Materialität, Quellen, Triftigkeit, Urteilsbildung

Abb. 28 | James Brittain, Habitat 67 (Montreal, Canada), 2012.

A
C
E
F
G
H
I
K
L
M
N
O
P
Q
R
S
T
U
V
W
Z

Historisch-politische Bildung

Kann es historische Bildung geben, die nicht politisch ist? Als in den 1970er-Jahren versucht wurde, das Schulfach Geschichte zugunsten eines Integrationsfaches Gesellschaftslehre mit Erdkunde und Politik zu verschmelzen, wurde von Kritiker*innen dieser Reform genau das gefordert: Geschichte müsse politischen Interessen und tagesaktuellen Kontroversen entzogen sein und sich der Vergangenheit zuwenden, „wie sie eigentlich gewesen ist" (Leopold von Ranke, schon 1824). Aber auch das war eine politische Positionierung. Es war eine Reaktion auf die Vereinnahmungen von Geschichte vom Kaiserreich bis in die Diktaturen des 20. Jahrhunderts. Geschichte lässt sich – weil sie immer gegenwartsbezogen und interessengebunden ist – allzu leicht propagandistisch in Dienst nehmen. Aber so, wie es keine objektive Rekonstruktion der Vergangenheit geben kann, gibt es auch keine Geschichte, die losgelöst von den gesellschaftlichen Konflikten der Gegenwart existieren könnte. Was nicht bedeutet, dass sich alle Geschichten direkt in diese Debatten einbringen müssten. Der Streit dreht sich um die Frage, wie stark Geschichtsschreibung aktuellen Interessen unterworfen sein darf. Die Politikdidaktik hält sich an den Beutelsbacher Konsens (1976): Überwältigungsverbot, Kontroversität, Orientierung an den Lernenden. Das taugt hervorragend auch als Rahmen historischen Lernens. Hat das Grenzen? „Daß Auschwitz nicht noch einmal sei" (Adorno 1966) ist eine Forderung nach einer bestimmten Erziehung. Darf man das anders sehen? Einer solchen Diskussion sollte man nicht aus dem Weg gehen, denn die Angst davor mündet in moralisierende Überwältigung, vor der die Kritik einer allzu politischen historischen Bildung warnt. Disziplinäre Selbstbehauptungsmechanismen, die ein allzu gutes Verhältnis der „Stiefschwestern" historischer und politischer Bildung als Problem begreifen, verschleiern nur das Problem. Die historische Dimension – das Bewegen in der Zeit – ist ein genuiner Bestandteil jeder politischen Bildung, weil alle Bildung über den Tag hinaus zielt. [LD]

Ansichtssache

Warum nicht den Spieß umdrehen? Und Mittel und Methoden des (Wahlkampf-) Gegners gegen ihn selbst verwenden? Rechtspopulist*innen verwenden schließlich auch gern Geschichte, um ihre Argumentationsmuster zu unterstreichen. Doch reicht es aus, ironisch die gleichen Mittel und Methoden zu spiegeln, um diese Muster zu dekonstruieren? Und darf man dafür das Cover von Hitlers „Mein Kampf" imitieren? Immerhin wirft das Plakat genau diese Fragen auf. Es zwingt geradezu zur kritischen Auseinandersetzung und regt so zum Streit um die Verwobenheit von Geschichte und Politik an.

[NM]

↓
Zum Weiterlesen
Emanzipation,
Gesellschaftslehre,
Holocaust-Education,
Ideologiekritik

Abb. 29 | Plakat der Initiative „Gesicht zeigen!" zur brandenburgischen Landtagswahl, 2019.

H

Historisches Lernen

Was historisches Lernen ist, bleibt umstritten. In den 1960er-Jahren vertraute man der sogenannten Reifungstheorie: Danach durchlaufen Kinder zunächst ein Märchen- und dann ein Sagenalter, um schließlich mit etwa zehn Jahren bereit für den Geschichtsunterricht zu sein, weil sie dann zwischen Fiktion und Fakten unterscheiden. Die neueren reifungspsychologischen Modelle verzichten darauf, historisches Denken am Alter festzumachen. Seit den 1970er-Jahren ist die sogenannte Sozialisations- neben die Reifungstheorie getreten: Danach entwickeln sich Menschen nicht aus sich selbst heraus, sondern den gesellschaftlichen Einflüssen entsprechend. Im Geschichtsunterricht könne historisches Denken unabhängig vom Alter gefördert werden, wobei der Schwierigkeitsgrad der Materialien und der Arbeitsaufträge sich allerdings an der konkreten Lerngruppe zu orientieren habe. Weil Gruppen heterogen sind und Schüler*innen sich nicht im Gleichschritt weiterentwickeln, ist innere Differenzierung notwendig. Die Lehrkraft muss unterschiedlich anspruchsvolle Angebote machen. Es ist allerdings umstritten, was Ziel historischen Lernens ist. Für viele ist es immer noch chronologisches Faktenwissen, das den Weg der eigenen Nation bis in die Gegenwart vorgibt. Seit dem Pisa-Schock 2001, bundesdeutsche Schüler*innen hatten damals im internationalen Vergleich verheerend abgeschlossen, setzen die Lehrpläne auf Kompetenzen. Es geht weniger um Wissen als um Können. Für das Fach Geschichte sind unterschiedliche Kompetenzmodelle auf dem Markt. Die Lehrpläne machen zwar Aussagen darüber, welche Jahrgangsstufe welche Fähigkeiten erreichen soll. Gleichzeitig halten sie aber am traditionellen Wissen fest. Eine Theorie zum historischen Lernen fehlt bisher. Es ist aber empirisch abgesichert, dass Schüler*innen der fünften Klasse schon über narrative Kompetenz verfügen: Sie können Gegenwart und Vergangenheit sinnvoll miteinander verknüpfen und Ereignisse in eine zeitliche Reihenfolge bringen. Ist das schon historisches Denken? [JvN]

Ansichtssache

Für das Alter eines Baumes stehen die Jahresringe. Sie geben Aufschluss über die spezifischen Bedingungen, unter denen er groß geworden ist. Breite Ringe werden als Zeichen für optimale Einflüsse gesehen, schmale Ringe hingegen für schlechte. Verhält es sich mit dem Erinnern nicht genauso? Legen sich unsere Erfahrungen nicht wie die Jahresringe um das, was ursprünglich einmal gewesen ist? Jede neue Erfahrung ermöglicht es, neue Erkenntnisse zu gewinnen – manche mehr, manche weniger. Durch Risse in den Schichten der Zeit kann mehr als die eigene Gegenwart vorstellbar werden. [NM]

↓
Zum Weiterlesen
Fakten,
Fiktion,
Inklusion,
Kompetenzen,
Narration

Abb. 30 | Jörg van Norden, Baumscheibe, 2020

H

Historizität

Alles hat eine Zukunft und eine Vergangenheit, man spricht von Historizität. Menschen, Materielles und gesellschaftliche Einrichtungen leben weiter, auch wenn sie gestorben bzw. zerfallen oder zerstört sind, solange man sich an sie erinnert oder es noch Spuren gibt, die auf sie verweisen. Dabei kann es sich um Überreste (Ruinen, materielle Gegenstände) oder um Texte handeln. Die Vergangenheit lebt auch insofern weiter, als die Gegenwart gewissermaßen auf ihren Schultern sitzt. So entspricht der Grundriss der Kölner Altstadt bis heute in vielen Teilen dem antiken römischen Straßenbild. Heutige politische Grenzen sind das Ergebnis vergangener Politik. Manches ist gleich geblieben. Wenn zum Beispiel ein Hammer immer dazu benutzt wird, Nägel einzuschlagen, haben diese Tätigkeit und das betreffende Werkzeug eine Gegenwart, die sich weit in die chronologische Vergangenheit und Zukunft erstrecken kann. Tätigkeit und Werkzeug haben aber keine Historizität, solange sich nichts ändert. Wenn irgendwann keine Hämmer mehr gebraucht werden, um Nägel einzuschlagen, werden sie, wenn überhaupt, ihr Dasein vielleicht als Briefbeschwerer fristen müssen, haben aber eine neue Qualität gewonnen: Historizität. Es kann eine Geschichte über sie erzählt werden, die ihre Entwicklung erläutert, vorausgesetzt es findet sich jemand, der oder die davon berichtet. Daraus folgt, dass Historizität eine Qualität ist, die einer Sache oder einer Person in Form einer Narration zugeschrieben wird, und nichts, was der Sache oder Person eigen ist. Wenn es auch naheliegt, dass das Meiste, was Menschen im Alltag begegnet, Historizität besitzt, also Ergebnis eines Entwicklungsprozesses ist, bleibt fraglich, ob sich die jeweiligen Vorstufen und die Ursachen, die die Veränderungen bewirkt haben, aus dem Istzustand erschließen lassen. Es ist ein weit verbreiteter Irrtum, zwei chronologisch aufeinanderfolgende Ereignisse automatisch als Ursache und Wirkung aufzufassen. Wer Historizität ernst nimmt, wird sich auf die Möglichkeit beschränken müssen, dass Vergangenheit vorstellbar, aber kaum wahrnehmbar ist. Sie ist vergangen. [JvN]

Ansichtssache

Mit brachialer Geste schlägt Daniel Libeskinds Metallkeil in die Fassade des alten Sandsteingebäudes ein und stört dessen harmonische Gefälligkeit. Was ausgewogen, wohl proportioniert war, wird dadurch anstößig und provokativ. Wozu das alles? Als Gewalt an einem Gebäude, das als Waffenlager einst selbst Gewalt beherbergte? Oder um vor Augen zu führen, dass es im Wandel keine Eindeutigkeiten gibt, sondern immer wieder neue Standpunkte braucht? Wer sich auf die Brechungen einlässt, dem eröffnen sich fortdauernd neue Perspektiven. Warntafeln werden nicht helfen, dieses wilde Wuchern im Zaum zu halten.

[LD]

↓
Zum Weiterlesen
Chronologie,
Materialität,
Narration,
Quellen,
Zukunft

Abb. 31 | Rodney Thronicker, Militärhistorisches Museum der Bundeswehr in Dresden, 2020.

A

C

E

F

G

H

I

K

L

M

N

O

P

Q

R

S

T

U

V

W

Z

Holocaust-Education

Theodor Adorno forderte 1966, Ziel jeder Erziehung müsse sein, dass „Auschwitz nicht noch einmal sei". Inzwischen versammeln sich unter „Holocaust-Education" zahlreiche nationale und transnationale pädagogische wie politische Konzepte. Sie wollen durch die Auseinandersetzung mit den NS-Verbrechen und insbesondere der Shoah eine Erziehung zu Ethik, Demokratie und Menschenrechten erreichen. Im US-amerikanischen und europäischen Kontext stehen dabei die Folgen von Vorurteilen und Diskriminierung im Fokus. Es geht vor allem um individuelle Opferperspektiven und vorbildliche Widerstandshandlungen. Häufig werden damalige Verbrechen auf gegenwärtige, weltweite Ausschlussmechanismen oder Genozide übertragen, teils universalisiert. Aber kann man aus der Geschichte lernen? In der BRD setzten sich zunächst kleine Initiativen für eine Aufarbeitung der Shoah ein, um sich gegen das gesellschaftliche und staatliche Verdrängen der Verbrechen nach 1945 zu wehren. Inzwischen ist die Auseinandersetzung mit der NS-Vergangenheit politischer Konsens. Das zeigt sich in Gedenktagen, Lehrplänen und staatlich geförderten Gedenkstätten. Jugendliche interessieren sich heute zwar für den Gegenstand NS, stören sich aber zum Teil an den damit verbundenen moralischen Erwartungen. Wie kann Holocaust-Education darauf reagieren? Hat sich die historisch-politische Bildungsarbeit bisher zu sehr auf die überlebenden Zeitzeug*innen verlassen? Welche Konzepte ermöglichen Lernenden eigensinnige Zugänge und Urteile zu diesem komplexen und emotional herausfordernden Gegenstand? Gedenkorte lassen z. B. Besucher*innen eine kleine Ausstellung aus Objekten erarbeiten, die auf dem Lagergelände gefunden worden sind. Können integrierte und verflechtungsgeschichtliche Ansätze eine Antwort auf Erinnerungskonkurrenzen und angezweifelte Relevanz der Shoah in einer sich wandelnden, heterogenen Gesellschaft sein? Wesentlich bleibt Adornos Frage, wie Menschen zu Täter*innen wurden und welche Motive und Handlungsweisen zum Völkermord führten. [WS]

Ansichtssache

Licht und Schatten, ein tiefer Schacht in die Dunkelheit. Auf den Mauern links und rechts der Decke liegt ein enormer Druck, unter dem sie zusammenbrechen müssten, wenn nicht massive Streben ihn abfangen würden. Sie sind notdürftig eingezogen worden, schräg, kreuz und quer, als hätte man plötzliche Gefahr rasch bannen müssen. Fehlte die Zeit für gründliche Planung? Die fragile Fensterzeile auf der einen Seite ist mit der Belastung des Bauwerks eigentlich nicht zu vereinbaren. Ohne das Licht, das durch sie hindurch in den Schacht fällt, bliebe seine unendliche Tiefe verborgen. Ist das der Weg? [JvN]

↓

Zum Weiterlesen
Außerschulische Lernorte, Historisch-politische Bildung, Urteilsbildung, Zeitzeug*innen

Abb. 32 | Daniel Liebeskind, Betonträger der Sackler-Treppe (Jüdisches Museum Berlin), 2006.

A
C
E
F
G
H
I
K
L
M
N
O
P
Q
R
S
T
U
V
W
Z

Identität

Oft wird Identität als die Gesamtheit bestimmter zugeschriebener Merkmale verstanden, die Personen oder Gruppen – je nach wissenschaftstheoretischem Ansatz auch Tiere, Pflanzen und Dinge – definieren sollen. Doch wer nimmt solche durchaus wandelbaren (Selbst-)Zuschreibungen vor und warum? Das macht diesen Begriff höchst problematisch. Wenn ich frage, wer ich bin, interessieren mich meine biologischen, sozialen und kulturellen Prägungen und Zugehörigkeiten. Sie beeinflussen unsere Handlungen, unser Denken sowie Werte- und Normenverständnis. Bin ich demokratisch, weil Deutschland heute eine Demokratie ist? Fragen wie diese lenken den Blick auf die Vergangenheit, weil vergangene Ereignisse und Menschen für die eigene Gegenwart und Person wichtig sein könnten. Daraus lassen sich – im Sinne einer Zustimmung oder Ablehnung – Legitimationen und Konsequenzen für Denk- und Handlungsweisen ableiten. Die Bildung einer Gruppenidentität stützt sich häufig auf eine Narration, die alle Mitglieder teilen oder zumindest akzeptieren. Aus einer konstruktivistischen Denkweise heraus stellt sich jedoch die Frage, ob es so etwas wie eine gemeinsame narrative Identität überhaupt geben kann, wenn doch die Deutung und Bewertung der Vergangenheit ein perspektivischer Vorgang ist. Die Etablierung von Identitäten ist immer auch mit Kontroversen und Konflikten verbunden. Verhärtete Identitätsvorstellungen oder kritikunfähige Identitätsbildungsprozesse können Fremdverstehen verhindern. Sie münden schlimmstenfalls in Distanzierung, Intoleranz und Ausgrenzung. Der Geschichtsunterricht kann versuchen, durch kritisch reflektierte Lebenswelt- und Gegenwartsbezüge gegenzusteuern, indem er die Identitätsbildung der Schüler•innen fördert und Narrationen, die historische und aktuelle Identitäten legitimieren sollen, auf ihre Triftigkeit hin prüft. Es ist wichtig, im Kontext individueller Auseinandersetzung mit Selbst- und Fremdwahrnehmungen und -erwartungen unterschiedliche Identifikationsangebote zu reflektieren und Indoktrination zu vermeiden. [TM]

Ansichtssache

Glücklich vereint in dunkler Nacht unter Schwarz-Rot-Gold? „Endlich wieder" mögen manche rufen, während es andere schaudert. Ein Bild voller Widersprüche. Inklusion für alle, die mitfeiern wollen, mitspielen können, (vielleicht) unabhängig von nationalen oder sozialen Zugehörigkeiten. Auf der anderen Seite Exklusion für jene, denen die Zugehörigkeit zu diesem Fahnen schwenkenden nationalen Kollektiv verwehrt wird nicht nur im Moment des Spiels. Exklusion für jene, die skeptisch gegenüber einem „neuen Nationalstolz" sind, die Bilder von anderen Fahnen- und Fackelmeeren in Deutschland früher und heute vor Augen haben. [WS]

↓
Zum Weiterlesen
Alterität,
Lebenswelt,
Narration

Abb. 33 | Björn Kietzmann, Fangruppe, 2012.

Ideologiekritik

Ideologiekritik ist eines der Kernziele historischen Lernens und eng verbunden mit kritisch reflektiertem Denken und Handeln. Vergangene und gegenwärtige Lebenswelten sind geprägt von sich ändernden Werte- und Normenvorstellungen. Sie bestimmen sowohl das öffentliche als auch private Leben. Hinter etablierten Ideologien – ein nach Marx und Engels negativ konnotierter Begriff – stehen einflussreiche Personengruppen bzw. bestimmte gesellschaftliche, politische und wirtschaftliche Konzepte. Ideologien sind komplexe mentale Konstrukte, die auf das Individuum derart überzeugend und einnehmend wirken, dass es bestimmte Verhältnisse und Setzungen als legitim anerkennt. Zu diesem Zweck sind unter anderem Narrationen notwendig, die Vorstellungen von Freund und Feind vermitteln sowie die Genese einer Ideologie als notwendige Entwicklung darstellen: sei es die der Pax Romana im Römischen Reich, der Befreiung des Heiligen Lands während der Kreuzzüge oder die des Imperialismus im 19. bzw. 20. Jahrhundert. Aber auch Religionen, Philosophien und Utopien können als Ideologien betrachtet werden, sofern sie ein bestimmtes Vorstellungssystem und damit bestimmte Handlungen vorgeben. Inwieweit wir eine Ideologie ablehnen oder ihr zustimmen, hängt davon ab, für wie wichtig wir sie für unsere eigene Lebenswelt und die unserer Mitmenschen halten. Propaganda als häufige Begleiterscheinung von Ideologien kann die eigene – ohnehin schon standortgebundene – Urteilskraft erheblich manipulieren. Es bedarf einer kritischen Betrachtung solcher Systeme und kontinuierlicher Reflektion, welcher Narrationen sie sich bedienen und ob diese triftig sind: Inwieweit verstoßen Ideologien z. B. gegen andere geltende rechtliche und moralische Vorstellungen? Widerspricht ihre Deutung vergangener Ereignisse wissenschaftlicher Expertise oder sind sie im Zuge gesellschaftlichen Wandels vielleicht überholt? Im Geschichtsunterricht wird Ideologie dann zu einem wichtigen Lernziel, wenn Schüler*innen befähigt werden sollen, sich mit der Welt, in der sie leben, auseinanderzusetzen und sie zu verändern.   [TM]

Ansichtssache

Das Schlappohr und das Spitzohr haben beide recht. Das ist schön, denn dann brauchen sie sich nicht zu streiten. Die vorherrschende Überzeugung ist ja tatsächlich, dass jeder alles so halten kann, wie er will. Das ist Meinungsfreiheit. Es gibt keine Konflikte mehr, wenn einem alles egal ist, weil man über den oft unangenehmen Dingen des Alltags steht. Toleranz ist ein hohes Gut. Jede Person ist nur für sich selbst verantwortlich. Wenn alle so denken, wäre dann nicht die Welt ein wunderbarer, friedlicher Ort ohne Gewalt, Unterdrückung, Ausbeutung und Klimawandel?
[JvN]

↓
Zum Weiterlesen
Class,
Narration,
Race,
Triftigkeit

Abb. 34 | Nina Paley, Mimi and Eunice, 2012.

A
C
E
F
G
H
I
K
L
M
N
O
P
Q
R
S
T
U
V
W
Z

Imagination

Imagination ist nach Rolf Schörken ein Grundelement für das Erfassen von Geschichte. Gemeint ist damit allerdings kein Fantasieren, Illusionieren oder Hinzudichten. Nach einer gängigen Annahme zum Begriff entstehe diese überwiegend durch und in optischen Bildern. Bei Schörken geht es hingegen um entstehende Imaginationen beim Lesen und Erzählen. Er betont ausdrücklich, dass er bei Vorstellungsbildern nicht von gegenständlichen Bildern spricht, sondern von „inneren Vorstellungsbildern". Der Begriff wirft viele Fragen auf. Wenn Schüler•innen beispielsweise eine historische Quelle lesen, entstehen dann unweigerlich Bilder und Assoziationen in ihren Köpfen? Und wenn ja, welche sind das, wie sind sie dort hineingekommen, wenn nicht durch optische Reize von außen, und wie viel haben sie wirklich mit Geschichte zu tun? Wie imaginieren Blinde oder jene, die sich sprachlich nicht ausdrücken können? Da diese Vorgänge individuell ablaufen, sind Antworten darauf schwierig. Lerntheoretisch spricht man häufig von der „black box". Nach Bodo von Borries sind Fiktion, Imagination und Projektion von Geschichtlichem keine extremen Randerscheinungen, sondern eine Grundform der Geschichtsnutzung und somit nicht belanglos für die Konstitution von Geschichtsbewusstsein. Allerdings beschreibt er auch Schwierigkeiten empirischer Erhebbarkeit des Ästhetischen und Fiktionalen, die „flüchtig wie ein scheues Reh" seien. Möglicherweise braucht es ergänzende Begriffe für eine Annäherung. Bodo von Borries und Johannes Meyer-Hamme plädieren in diesem Zusammenhang für einen Ästhetikbegriff in der Geschichtsdidaktik, der über Visualität und Bildlichkeit hinausgeht. Für Lars Deile bietet sich der Begriff der Ästhetik für eine Berücksichtigung vorsprachlicher Wahrnehmung von Vergangenheit an. Er wirft die Frage auf, warum erst bei der (fertigen) Narration angesetzt wird und nicht bei dem Moment, der der Sinnbildung vorausgehe, nämlich der Wahrnehmung. Denn wer historisches Lernen anregen und fördern will, müsse genau dort beginnen. [SK]

Zum Weiterlesen
Fiktion, Geschichtsunterricht, Historisches Lernen, Inklusion

Abb. 35 | Andre Castellucci, Die Künstlerin Chiharu Shiota, 2018.

A
C
E
F
G
H
I
K
L
M
N
O
P
Q
R
S
T
U
V
W
Z

Inklusion

Inklusion meint den Einschluss alles Außenstehenden. Historisches ist bisher recht exklusiv verhandelt worden. Monokulturell, ethnozentrisch, die Geschichte weißer, heterosexueller, körperlich und kognitiv unversehrter Männer. Dass Gesellschaft heute vielfältiger ist, müsste eigentlich nicht mehr erwähnt werden. Bedürfnisse von heute stellen neue Fragen und schaffen damit neue Zugänge zu Vergangenem. Ihre Stimme als marginalisierte Opfergruppe erhebend, haben mittlerweile Homosexuelle, Sinti und Roma und Menschen mit Behinderung, die ebenfalls Verfolgung und Tötung in der NS-Zeit erlebt haben, einen Gedenkort. Hinter dem Inklusionsbegriff steckt die Forderung der Teilhabe aller Menschen an Gesellschaft und ihren Ressourcen, vor allem an Bildungsangeboten. In einer engen Wortauslegung bezieht sich Inklusion auf körperliche Besonderheiten. Ein weites Begriffsverständnis schließt darüber hinaus noch Differenzierungsmerkmale wie Geschlecht*er, sozioökonomischen Status, kulturelle und religiöse Zugehörigkeit mit ein. Was aber bedeutet das für historisches Lernen? Museen und Gedenkstätten beschäftigen sich mit alternativen Vermittlungskonzepten und werden zunehmend barrierefreier. Doch auch und vor allem Schulen sind gefragt. Konkrete Umsetzungsvorschläge sind bereits gemacht worden. Kompetenzmodelle, Narrativitätsbegriff oder Erinnerungskultur – einiges wird bereits inklusiv gedacht, gedreht und gewendet. Die Forschung zu inklusiver Geschichtsdidaktik befindet sich allerdings noch in der Entwicklungsphase. Eine Hauptkritik ist, dass man von der bisherigen, geschichtsdidaktischen Theoriekonzeption abrücken müsse, da Begriffe wie Narrativität und Geschichtsbewusstsein auf den kognitiv fähigen Menschen rekurrieren würden. Das allerdings könne nicht von allen erbracht werden. Ein Vorschlag ist daher, historisches Lernen vom Leib aus zu betrachten. Inklusion meint nicht länger das Nebeneinander von verschiedenen Lernvoraussetzungen, sondern ein gelebtes Miteinander.

[SK]

Ansichtssache

Der Stein sieht edel aus und fasziniert durch seinen goldgelben Glanz. Was für ein Schmuckstück! Doch ist es nicht zugleich auch das Grab eines Lebewesens? Eine Spinne wurde irgendwann einmal wohl durch flüssiges Harz komplett eingeschlossen und verendete. Das schließlich zu Stein gewordene Harz überdauert seit langer Zeit und hat den Körper der Spinne damit für die Ewigkeit konserviert. Nun sind die einst unbedeutenden und für manche Menschen unliebsamen Teile über die Zeit zu einer Kostbarkeit geworden.

[TM]

↓
Zum Weiterlesen
Class,
Geschlecht*er,
Leib/Leiblichkeit,
Race

Abb. 36 | Unbekannte*r Fotograf*in, Spinne in Bernstein, o. J.

A
C
E
F
G
H
I
K
L
M
N
O
P
Q
R
S
T
U
V
W
Z

KGD/VGD

Geheimgesellschaften zeichnen sich auch dadurch aus, dass sie Codewörter haben, die nur Eingeweihte verstehen. KGD und VGD sind zwar nicht geheim, aber es bedarf der Erklärung, dass zum *Verband der Geschichtslehrer Deutschlands* auch Frauen gehören. Bei der *Konferenz für Geschichtsdidaktik* handelt es sich nicht um ein Symposion, sondern um den Fachverband der Geschichtsdidaktiker•innen an den Hochschulen. Beide Vereine sehen sich als Interessenvertretung ihrer Berufsgruppen, auch wenn von den 60.000 Geschichtslehrkräften in Deutschland lediglich 3.200 im VGD organisiert sind, föderal in Landesverbänden. Die 37 Professor•innen für Geschichtsdidaktik an den 73 Historischen Seminaren in Deutschland machen zwar nur einen kleinen Teil der 363 Mitglieder der KGD aus (Stand 2019), im Vorstand aber haben alle einen solchen Titel. Der VGD wurde bereits 1913 gegründet. Die KGD tagte seit 1971 informell und wurde erst 1995 ein gemeinnütziger Verein. Beide Verbände regen die fachliche Kommunikation durch Zeitschriften an: *Geschichte für heute* und die *Zeitschrift für Geschichtsdidaktik*. Dass es neben gemeinsamen Anliegen auch Konkurrenzen gibt, sieht man an der nicht mehr zum VGD gehörenden Zeitschrift *Geschichte in Wissenschaft und Unterricht* oder der gegen den Mainstream der KGD gegründeten, aber wieder eingestellten Zeitschrift *Geschichtsdidaktik* (1976–87). Wie wohl in jedem Verein sorgt der Austausch mit Gleichgesinnten mitunter dafür, dass das Kleine eher groß erscheint. Und dass man dabei Kolleg•innen findet, die sich gegenseitig bestärken und bekämpfen können, ist wohl auch vereinstypisch. Obendrein befördert die Existenz von KGD und VGD auch noch die Wahrnehmung eines angeblich grundsätzlichen Unterschieds zwischen Theorie und Praxis. Und doch gibt schon die Existenz von VGD und KGD dem Anliegen historischen Lernens eine Stimme und macht Geschichtsunterricht als Fach sichtbar. Beide Vereine haben entscheidenden Anteil an der Entwicklung des Faches und sind dessen Fachvertreter•innen erste Anlaufstelle. [LD]

Ansichtssache

Gesetzt den Fall, da wäre ein Vakuum und jeder und jede auf sich gestellt. Das wird scheitern. Gemeinsam ist es aber auch nicht leicht. Die Charaktere sind so unterschiedlich. Die Konkurrenz um Anerkennung, Einfluss, Stellen und Geld ist da. Belebt sie nicht auch das Geschäft? Das eigene Projekt nimmt einen so vollständig in Beschlag und erschwert den Blick über den Tellerrand. Wenn Statusdenken zu Dünkel zu werden scheint, wenn Anspruch auf Deutungshoheit vermutet oder Widerspruch als persönlicher Angriff missverstanden wird, versandet das Gespräch. Aber gemeinsam ist es trotz alledem leichter. [JvN]

↓
Zum Weiterlesen
Geschichtsdidaktik, Geschichtsunterricht, Historisch-politische Bildung, Lehrplan, Wissen

Abb. 37 | William Hogarth, Scholars at a Lecture, 1736/37.

Kompetenzen

Eine der größten bildungspolitischen Umwälzungen der letzten Jahrzehnte ist die Kompetenzorientierung. Infolge von PISA und PISA-Schock sollte sich Schule radikal ändern. Das Skandalöse an diesem Ansatz ist sein undemokratisches Zustandekommen: Lehrpläne wurden den Zielen angepasst, die eine internationale Wirtschaftsorganisation (OECD) für relevant hielt. Das Erstaunliche ist, dass diese Reform von zwei ganz unterschiedlichen bildungswissenschaftlichen Lagern unterstützt wurde: der an Standardisierung interessierten empirischen Bildungswissenschaft und der an Differenzierung interessierten Inklusionsforschung. Das Ernüchternde ist eine Verschiebung von Bildungsressourcen hin zu den Fächern, die von PISA getestet werden – Mathematik, Deutsch, Naturwissenschaften –, auf Kosten aller übrigen Fächer. Erschreckend ist, dass die für PISA sehr wesentliche Frage nach Bildungsgerechtigkeit kaum bildungspolitische Konsequenzen auslöste. Kompetenzorientierung bedeutet eine Veränderung von Rollen und Zielen in Lernprozessen. Nicht kurzfristig reproduzierbares Wissen (content standards) soll gelernt werden, sondern langfristige Handlungsstrategien (performance standards). Kompetenzen sind „die bei Individuen verfügbaren oder durch sie erlernbaren kognitiven Fähigkeiten und Fertigkeiten, um bestimmte Probleme zu lösen" (Weinert). Lernende werden nicht mehr als Wissensspeicher gesehen, sondern als Bildungsakteur*innen. Und Lehrkräfte vermitteln nicht Input, sondern sie organisieren Bildungsumgebungen. Geschichte hinkt als Nicht-PISA-Fach den Entwicklungen eher hinterher. Es gibt eine Reihe konkurrierender Kompetenzmodelle, die die Kernhandlungen des Historisierens jeweils sehr unterschiedlich definieren und mitunter nur Altes (Wissen) in Neues (Fachkompetenz) übersetzen, ohne grundsätzlich etwas ändern zu wollen. Dabei nimmt Kompetenzorientierung die Frage nach der Nachhaltigkeit des Geschichtsunterrichts im Leben der Lernenden in den Fokus. Und das ist eine enorme Entwicklungschance. [LD]

↓
Zum Weiterlesen
Historisches Lernen,
Geschichtsunterricht,
Lehrplan,
Wissen

Abb. 38 | Christoph Rau, Autoschrauber in Darmstadt, 1986.

Konstruktivismus

Konstruktivismus und Relativismus werden oft gleichgesetzt. Beide können sich über fehlende Kritik der Historiker*innen nicht beklagen. Verzichten sie denn nicht auf die Suche nach der Wahrheit? Übertragen sie nicht fahrlässig ihre gegenwärtige Sicht der Dinge auf die Vergangenheit? Werden sie damit nicht blind für das Fremde, Andersartige von damals? Der Konstruktivismus behauptet, niemand könne sich ein realistisches Abbild von dem machen, was ihn*sie umgibt. Die Neurowissenschaft bekräftigt diese These: Die Reize, die der Mensch mit seinen Sinnesorganen aufnehme, würden in den betreffenden Nervenzellen in elektrische Impulse übersetzt, die im Gehirn bestimmte Muster hinterlassen. Wahrgenommenes und Wahrnehmung seien nicht identisch. Die Wissenssoziologie geht in die gleiche Richtung. Die Art und Weise, die Welt zu sehen, werde im Laufe der Sozialisation erlernt. Fremdes kann einerseits assimiliert, also in die alten Denkmuster gepresst, und andererseits akkommodiert werden. Dann verändert es sie. Es ist schmerzhaft umzudenken. Es braucht ein direktes Gegenüber, das dazu zwingt, den Historiker*innen jedoch fehlt. Sie verfügen nur über Überreste menschlichen Tuns. Die Anthropologie schließlich steuert als weiteres Argument bei, dass der Mensch ein Mängelwesen sei. Ihm fehlen die Instinkte und die Physis, mit denen Tiere perfekt an ihre Umwelt angepasst sind. Menschen hätten den Vorteil, sich fast überall zurechtzufinden, aber sie müssten sich dazu eine Kultur erfinden, sie erst konstruieren. Alle diese Argumente sprechen dafür, dass das Welt- und damit auch das Geschichtsbild jedes Menschen unhintergehbar seiner gesellschaftlichen und individuellen Verfasstheit geschuldet sind. Konstruktivismus ist Relativismus. Er relativiert Dogmen, indem er ihre Standortgebundenheit sichtbar macht und ihre Deutungshoheit zerstört. Seine Kritik mündet aber nicht in Beliebigkeit, denn er fordert von Hermeneutik und Narrationen einen hohen Grad an Triftigkeit. Er befürwortet Bildungsprozesse, in denen selbstständig, kommunikativ und kontrovers gelernt wird. [JvN]

Ansichtssache

Brücken knüpfen an etwas an. Sie verbinden nicht nur Ufer, sondern auch Menschen und Kulturen. Die ersten Brückenbauer entnahmen die Ideen für ihre Konstruktionen der Natur und die entsprechenden statischen Prinzipien sind in den vielen Variationen der Brückenbaukunst bis heute dieselben geblieben. Gedanken verbinden und verknüpfen ebenfalls. Sind sie mit Brücken zu vergleichen? Ist nicht ein*e jede*r außerdem auch „Konstrukteur*in seiner*ihrer selbst" – basieren auch hier die Konstruktionen auf den gleichen Prinzipien? [NM]

↓

Zum Weiterlesen
Anthropologie,
Hermeneutik,
Perspektivität,
Triftigkeit,
Urteilsbildung

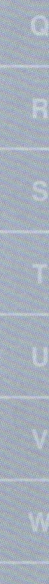

Abb. 39 | G. Herbert/Horace C. Bayley, Warburton – High Level Road Bridge, 1892/1894.

A
C
E
F
G
H
I
K
L
M
N
O
P
Q
R
S
T
U
V
W
Z

Kontingenz

Kontingenz ist einer der wichtigsten, sperrigsten und komplexesten Begriffe der Kulturwissenschaften. Vereinfacht könnte man darunter das Zufällige verstehen, das unerwartet Einbrechende, das Unvorhergesehene. Der Unfall im Straßenverkehr ist ebenso ein Zeichen von Kontingenz wie das Finden eines Schatzes. Kontingenz ist ein Container für das, was sich menschlicher Kontrolle und Planbarkeit entzieht.

Kontingenz anzunehmen, ermöglicht jene Offenheit, die Geschichte so interessant macht. Könnte der Mensch alles wissen, müsste nur das Kompendium der Welt geschrieben werden und alles wäre abschließend geklärt. Aber „erstens kommt es anders und zweitens als man denkt" (Wilhelm Busch zugeschrieben) und so ist der Blick auf die Welt immer wieder aufs Neue spannend.

Kontingenz ist mehr als der bloße Zufall. „Kontingent ist, was auch anders möglich ist" (Michael Makropoulos). Durch diese Einschränkung ergibt sich der besondere Reiz, das auszuloten, was grundsätzlich sein könnte. In der Auseinandersetzung mit dem Kontingenten wird immer auch das Utopische erschlossen.

Niemand kann die Zukunft vorhersagen. Mit Blick auf die Spuren der Vergangenheit versucht Geschichte, die Räume des Möglichen zu öffnen. Weil es sie aber einmal gegeben hat, erweitert die Kenntnis der Vergangenheit das, was direkter sinnlicher Erfahrung nicht zugänglich ist, aber als grundsätzlich möglich vorgestellt werden kann. Die Moderne hat die Grenzen des Vorstellbaren immer weiter verschoben und versucht, durch Disziplinierung den Einbruch des Unerwarteten zu zähmen, indem sie Natur und Menschen ihrer Herrschaft unterwirft. Allerdings ohne durchschlagenden Erfolg und mit verheerenden Auswirkungen, von Auschwitz bis zur Erderwärmung. Daher wäre es wahrscheinlich an der Zeit, nach einem angemesseneren Umgang mit dem Unerwarteten zu suchen. Vielleicht wäre die Entwicklung von Kontingenztoleranz ein besseres Ziel von Lernprozessen als die hilflosen Versuche, Kontingenz bewältigen zu wollen. [LD]

Ansichtssache

Eine schwarze Rauchsäule verhüllt die oberen Stockwerke eines Wolkenkratzers, ein anderer wird durch eine Explosion erschüttert. Die Feuerwand schleudert Beton und Glas in die Luft. Aus diesem Inferno kann man nicht mehr fliehen.

Was hier geschieht, ist unvorstellbar, niemand hat es erwartet. Dieses Bild brennt sich unvergesslich ins Gedächtnis ein. Wenn nicht schon Krieg ist, beginnt er jetzt. Oder ist alles ein schreckliches Missverständnis, menschliches oder technisches Versagen? Das kann nicht sein. [JvN]

↓
Zum Weiterlesen
Alterität,
Anthropologie,
Konstruktivismus,
Lebenswelt,
Sinnbildung

Abb. 40 | Spencer Platt, 9/11, 2001.

A
C
E
F
G
H
I
K
L
M
N
O
P
Q
R
S
T
U
V
W
Z

Kontrafaktische Geschichte

Auch als virtuelle oder ungeschehene bezeichnet, ist die kontrafaktische Geschichte eine Erzählform, in der Ereignisse oder Entwicklungen bewusst entgegen der Faktenlage dargestellt werden oder zumindest anders, als wir es möglicherweise als real passiert gelernt haben. Man spricht von sogenannten Was-wäre-wenn-Aussagen. Was wäre passiert, wenn Caesar nicht den Rubikon überschritten hätte? Was wäre 1914 geschehen, wenn Wilhelm II. Österreich-Ungarn die Gefolgschaft verwehrt hätte? Diese Fragen sind unhistorisch, weil sie den überlieferten und unseren heutigen Erkenntnissen widersprechen und einen zeitlichen Verlauf auslösen, der als fiktiv zu bezeichnen wäre. Viele Historiker*innen lehnen diese Form der historischen Hypothesenbildung mit dem Argument, dass sie sich nicht beweisen lasse, kategorisch ab. Alexander Demandt hat – Nietzsche weitergedacht – sie hingegen als nicht wegzudenkende Kategorie einer kritischen Geschichtsbetrachtung sogar hervorgehoben, denn wenn „wir jemanden für eine Handlung verantwortlich machen, setzen wir voraus, dass er Alternativen hatte". Genauso wie wir uns alltäglich Dinge in unterschiedlichsten Szenarien und Variationen ausmalen, um uns mit Erwartungen und Möglichkeiten auseinanderzusetzen, hat auch die kontrafaktische Geschichte ihren Platz – sie ist quasi ein Teil eigener Lebensbewältigung. Unser Orientierungsbedürfnis verlangt nach Fragen an die Vergangenheit, um Antworten für das Jetzt und das Morgen zu erhalten. Dazu gehört ebenso, Handlungsoptionen, die Akteur*innen in der Vergangenheit zur Verfügung standen, zu beleuchten. So kann abgewogen werden, warum manche Handlungen eben nicht durchgeführt wurden oder sich bestimmte Entwicklungen nicht durchgesetzt haben. Wir lernen die den vergangenen Entscheidungen zugrunde liegenden Bedingungen kennen, Gründe und Optionen zu gewichten und uns ein Urteil zu bilden. Die Erkenntnisse aus einer solchen Betrachtung ermöglichen es, eventuelle Konsequenzen für gegenwärtige und zukünftige Entscheidungen zu ziehen. [TM]

↓
Zum Weiterlesen
Fakten,
Fiktion,
Geschichte,
Urteilsbildung

Abb. 41 | Étienne-Louis Boullée, Kenotaph für Newton (Entwurf), 1784.

Lebenswelt

Es ist wichtig, Geschichtsvermittlung an der Lebenswelt der Adressat*innen auszurichten. Um sie ansprechen zu können, muss man sie dort abholen, wo sie sind. Unterrichtsvorbereitung fragt deshalb nach den Eingangsbedingungen der Schüler*innen. Dazu gehören nicht nur ihre Vorkenntnisse im Fach Geschichte, sondern auch ihre Lebensumstände und besonders das Alter, so die Entwicklungspsychologie der 1950er-Jahre. Aktuell geht man allerdings davon aus, dass die kognitive Entwicklung in einer Altersgruppe heterogen verläuft. Es bleibt aber die Herausforderung, die Interessen der Schüler*innen zu berücksichtigen. Unterrichtsgegenstände sind entsprechend zu thematisieren, also in eine Frage zu fassen und inhaltlich zuzuschneiden. Dieser Prozess wird in der Regel als „didaktische Reduktion" bezeichnet. Alternativ zu den üblicherweise chronologisch angelegten Lehrplänen wollte z. B. Gerhard Schneider den Geschichtsunterricht der Klassen 6 bis 8 auf anthropologische und symbolische Universalien beschränken, zum Beispiel die eigene Biografie und Familie, die Entwicklung des Heimatortes, Jugend und Alter, Tod, Geschlecht, Arbeit, Lernen, Freizeit und Gewalt. Es ist sinnvoll, die Mikroebene der einzelnen Schüler*innen nicht zugunsten der Makroebenen Ökonomie, Gesellschaft und Politik zu vernachlässigen. Allerdings ist dafür die Bezeichnung Alltagswelt vorzuziehen. Der Begriff Lebenswelt entspringt nämlich der geisteswissenschaftlichen Schule, zu der auch der Historismus gehört. Hier ist Lebenswelt der Horizont, in dem der einzelne Mensch die Realität versteht, wie sie ist, wenn er sie nur unvoreingenommen beobachtet und beschreibt. Der menschliche Geist in allen Dingen wird zur Brücke des Verstehens. Eine solche Epistemologie ist konstruktivistisch gesehen unmöglich: Das Weltbild ergibt sich aus Denkmustern, die der Mensch einerseits im Rahmen seiner Sozialisation erwirbt und andererseits in Verhandlungs- oder Machtzusammenhängen freiwillig oder gezwungenermaßen übernimmt. Die Wahrnehmung der Welt ist damit standortgebunden und subjektiv.   [JvN]

Ansichtssache

Empörend, dieser Clash der Lebenswelten. Ist eindeutig, wer gut und wer böse ist? Ebenso wie Opfer hier und Täter dort? Im Alltag sind das allzu leichtfertig verteilte Rollen. Welche Perspektive bleibt hier ausgespart? Und warum? Das Weltgeschehen ist komplex – wir sehen nur einen Ausschnitt. Einen Ausschnitt, der zu uns durchdringen sollte und konnte. Unser Standpunkt, unsere Bedürfnisse aus der jeweiligen Lebenswelt locken uns leicht in die Falle. Wir sehen, was wir sehen wollen – die Macht der Bilder. Wir brauchen sie und machen sie uns.

[WS]

Zum Weiterlesen
Anthropologie,
Chronologie,
Epistemologie,
Geschichtsunterricht,
Historisches Lernen

Abb. 42 | Spencer Platt, Junge Libanes*innen bei der Rückkehr zu ihren zerstörten Häusern (Beirut), 2006.

A
C
E
F
G
H
I
K
L
M
N
O
P
Q
R
S
T
U
V
W
Z

Lehrplan

Als Lehrplan bezeichnet man die systematische Zusammenstellung der fachübergreifenden und fachspezifischen Inhalte, Ziele sowie – seit den 2000er-Jahren – Kompetenzen, deren Vermittlung im Geschichtsunterricht staatlich vorgeschrieben ist. In der Bundesrepublik Deutschland sind Lehrpläne wegen der Kulturhoheit der Bundesländer unterschiedlich ausgestaltet. Während etwa (wie auch in der DDR) in Bayern bis in jüngere Vergangenheit obligatorische Inhalte und die für sie vorgesehene Unterrichtszeit sehr konkret benannt wurden, lassen die Lehrpläne anderer Bundesländer Lehrer*innen mehr Raum für eigene Schwerpunkte. Der inhaltliche Aufbau für die Sekundarstufe I folgt fast überall einem traditionellen chronologischen Durchgang von der Urgeschichte bis zur Gegenwart und suggeriert damit einen linear-konsistenten Geschichtsverlauf. Grundlegend andere Lehrplanmodelle – etwa eine in der Gegenwart beginnende, „umgekehrte" Chronologie oder das von Gerhard Schneider eingebrachte Konzept, das an Geschichtskultur ebenso anknüpfte wie, mit anthropologischen Schlüsselfragen, an die Lebenswelt der Schüler*innen – wurden zwar didaktisch gewürdigt, aber nie umfangreicher erprobt. Ein an Längsschnitten orientierter Lehrplanentwurf für Berlin-Brandenburg wurde 2015 öffentlich heftig diskutiert und zugunsten eines stärker chronologisch-genetischen Vorgehens abgelehnt. Ein derartiger Diskurs ist jedoch die Ausnahme: Zumeist sind Lehrpläne das Ergebnis ministeriellen Verwaltungshandelns hinter verschlossenen Türen. Interessenverbände können dazu Stellung nehmen, worüber dann wiederum nicht öffentlich entschieden wird. Schulinterne Lehrpläne bieten die Möglichkeit, u. a. auf lokale Fallbeispiele einzugehen, spiegeln aber oft nur das jeweils benutzte Schulbuch wider. Vergleich und Bewertung von Lehrplänen – im Sinne ihrer ständigen Weiterentwicklung geboten – können sich nach Bernd Schönemann und Ulrich Baumgärtner an folgenden Dimensionen orientieren: Werte und Normen, Lernziele, Inhalte, Lehr-Lern-Methoden, Medien, Kontrollen, Gesamtarchitektur. [PR]

Ansichtssache

Schreibtische und Reißbretter, alles in Reih und Glied unter den grellen Leuchtstoffröhren. Es fehlt der Chef, der mit rot angelaufenem Gesicht und schnaubenden Worten den Gang entlangstürmt. Würde er Unruhe stiften in dieser unermüdlichen Akkordarbeit oder entschieden den Weg weisen? Wer sind die Zeichner? Was und für wen planen sie? Kennen sie ihre Zielgruppe? Gibt es Raum für neue Ideen und Ansätze jenseits des Althergebrachten? Ein Radierer ermöglicht es, auszuprobieren, zu verfehlen und zu entwickeln. Doch wird hier vom Bleistiftstrich direkt in den Stein gemeißelt? [WS]

Zum Weiterlesen
Auswahlproblematik, Chronologie, Geschichtsunterricht, Kompetenzen, Zugangsweisen

Abb. 43 | Unbekannte*r Fotograf*in, Technische Zeichner in einem Großraum-Büro arbeiten an Reißbrettern, 1999.

A C E F G H I K L M N O P Q R S T U V W Z

Leib/Leiblichkeit

Leib ist ein Begriff in der Phänomenologie, der auf Maurice Merleau-Ponty zurückgeht. Er ist nicht mit Körper synonym zu setzen, sondern meint die Schnittstelle zwischen Körper und Geist. Auf Geschichtsdidaktik bezogen kann der Leib als Ort verstanden werden, wo Geschichte sich ganz individuell abspielt. Jede Person hat bestimmte Erfahrungen, die ihre ganz persönliche Geschichte bestimmen. Subjektivität wurzelt aus phänomenologischer Perspektive im Leiblichen und ist damit verkörperte Subjektivität. Ein Selbstbezug des Individuums sei ohne Leiblichkeit nicht zu denken. In den Disability Studies spielt der Begriff eine große Rolle, da er einen Ausweg aus dem Gegensatz zwischen einer Medizinisierung des behinderten Körpers und einer reinen sozialen Verortung von Barrieren anbietet. Damit können „sozial zu denkende Erfahrungen konkreter Individuen in ihrer Leiblichkeit" betrachtet werden, wodurch eine Neuthematisierung des Körpers ermöglicht wird. In geschichtsdidaktischen Debatten zur Inklusion wurde der Leibbegriff wiederbelebt. Durch ihn könne die Kluft zwischen Sprache und Leib überwunden werden. In der Phänomenologie ist Sprache dem leiblichen Empfinden nachgeordnet. Am Anfang stehe das leiblich Gelebte, dann folge das Sprechen über diese Erfahrung. Somit ist der Begriff möglicherweise anschlussfähiger als der auf elaborierte sprachliche und kognitive Voraussetzungen bezogene Narrativitätsbegriff. Da nach Merleau-Ponty Leib und Welt niemals zu trennende Bereiche sind, ist er außerdem in die Debatten um den Lebensweltbegriff eingeflossen. Einerseits bin ich selbst der Leib, andererseits ist der Leib auch das Medium, durch das ich in der Welt bin und an ihr teilhabe. Husserl zufolge bilden Erlebnisse die Grundlage der leiblichen Reflexivität. Das Schaffen einer „Urimpression" sei das Ziel des Geschichtsunterrichts, da von Schüler*innen letztlich nichts reflektiert werden könne, was losgelöst von ihrer Lebenswelt ist. Eigenes, leibliches Erleben wird somit für eine Vergegenwärtigung von Vergangenheit zentral. [SK]

Ansichtssache

Ich sehe den Oberkörper eines Menschen. Der Form nach könnte es der eines Mannes sein. Echt kann er aber nicht sein, da sich auf ihm tief in die Haut versenkte Abdrücke von zwei Händen befinden. Dessen Hände? Wollte er sich selbst spüren oder jemand anderes ihn? Vielleicht wollte er sich der Realität des Körpers bewusst werden, woraus er besteht, was ihn menschlich macht. Aber wieso? Sind da etwa Zweifel, wer ich bin und was mich ausmacht? Gibt es da noch mehr außer dem Körper und dem Geist?
[TM]

Zum Weiterlesen
Geschichtsdidaktik,
Inklusion,
Lebenswelt,
Sprache

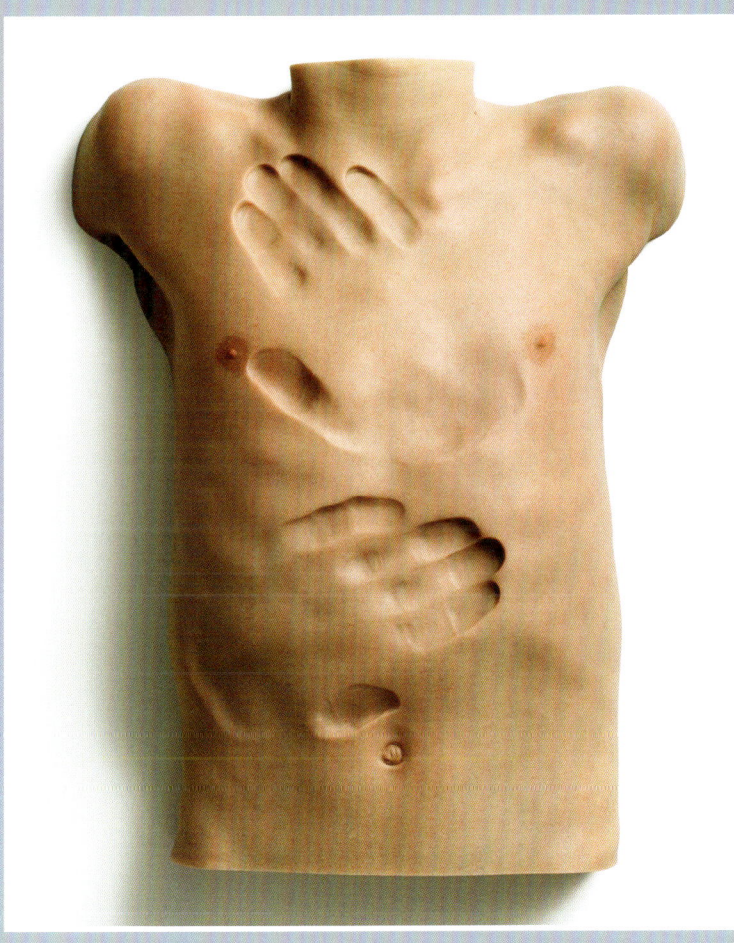

Abb. 44 | Anders Krisár, Birth of Us, 2006/07.

A
C
E
F
G
H
I K
L
M
N
O
P
Q
R
S
T
U
V
W
Z

Materialität

Materialität charakterisiert Gegenstände. Für Historiker*-innen handelt es sich u. a. um Werkzeuge, Kleidung und Gebäude bzw. was davon heute noch übrig geblieben ist. In Geschichtswissenschaft und -unterricht haben sie – anders als in der Archäologie – eine gegenüber der schriftlichen Überlieferung eher zweitrangige Rolle gespielt. Ganz anders ist es in der „Living History". Hier soll die Vergangenheit mithilfe der Gegenstände wieder lebendig werden. Dazu kleiden sich Menschen so, wie es in der Zeit, die sie auferstehen lassen wollen, üblich war. Sie mieten sich z. B. mit Gleichgesinnten in einem Freilichtmuseum ein und bewohnen dort für ein Wochenende ein Rössenerhaus. Historische Empathie soll über die materiellen Dinge möglich werden, mit denen man sich umgibt. In eine ähnliche Richtung geht der Materialismus. In seiner ursprünglichen, dem 18. Jahrhundert zuzuordnenden Fassung ordnete er den Menschen uneingeschränkt den materiellen Verhältnissen unter. Karl Marx setzte dann auf die Dialektik von Sein und Bewusstsein: Die Menschen werden von ihren Lebensumständen bestimmt, können sie aber auch verändern. Sie stellen Werkzeuge her, um in ihrer natürlichen Umwelt zu überleben. Diese Produktionsmittel können nur eingeschränkt zweckentfremdet werden. Sie bestimmen also in gewisser Weise das Handeln der Menschen, die sich ihrer bedienen. Diesen Sachzwang betont eine Denkrichtung unserer Zeit, der New Materialism. Die Geschichtswissenschaft argumentiert heute dialektisch: Menschen machen Geschichte, aber sie tun dies nicht voraussetzungslos. Die Archäolog*innen sind, was ihre Funde angeht, zurückhaltend. Wichtig sei der Befund, also die Interpretation dessen, was man ausgegraben hat. Wenn also in Anlehnung an Bodenverfärbungen auf Pfostenlöcher geschlossen wird, die von einem frühneuzeitlichen Haus übrig geblieben sein können, ist der Spielraum für die Rekonstruktion erstaunlich groß. Er reicht von grobschlächtigen Balkenkonstruktionen in den 1950er-Jahren bis zu grazilen, farbig verzierten Bauwerken heutiger Entwürfe, die an polynesische Bauten erinnern. [JvN]

Ansichtssache

Das sind interessante Bruchstücke, auch wenn sie auf den ersten Blick nur wenig darüber preisgeben, wozu sie einst gehörten. Es könnten Relikte aus längst vergangenen Epochen sein. Möglicherweise gehörten sie zu einer römischen Statue oder einer griechischen Säule. Oder sie waren Teil einer prachtvollen Gebäudefassade der Renaissance. Eine Analyse von Alter, Zusammensetzung, Farbe und Fundort müsste uns nähere Informationen liefern können. Doch sagen sie mir, wie das Ganze, dessen Teil sie einst waren, seinerzeit wirklich ausgesehen hat? [TM]

↓
Zum Weiterlesen
Class, Geschichtsunterricht, Imagination, Quellen

Abb. 45 | Susanne Freitag, Fundstücke vom Berliner Teufelsberg, 2017.

A

C

E

F

G

H

I
K

L

M

N

O

P

Q

R

S

T

U

V

W

Z

Medien historischen Lernens

Solche Medien sind Träger von Informationen über vergangene Zeiten, verwendet in einem didaktischen Kontext. Allerdings ist sich die geschichtsdidaktische Theorie als auch Praxis nicht einig, ob damit methodische Hilfsmittel wie Tafel, Geschichtskarte, Schulbuch etc. oder historische Medien wie Bilder und Texte zu bezeichnen sind. Jedes Medium hat aufgrund seiner Entstehungszeit und seines Überlebens bis in die Gegenwart einen Vergangenheitsbezug und kann in seiner jeweils eigenen Art und Weise Antworten auf unterschiedliche Fragen liefern, so Buchsteiner, Lorenz und Scheller. Klassischerweise werden mit Medien Texte (z. B. Berichte, Briefe, Bücher, Inschriften) sowie Bilder (z. B. Gemälde, Karten, Fotografien) assoziiert. Grundsätzlich jedoch können historische Informationen überall gefunden werden, so auch auf Gegenständen wie Münzen, Werkzeugen, Bekleidung und in Ton- oder Videoaufnahmen und an Orten wie Gedenkstätten und Gebäuden. Das Medium muss nicht zwingend in direkter Form vorliegen, d. h. als absichtlicher Bericht über ein bestimmtes Ereignis. Zu einem Medium historischen Lernens können noch so unscheinbare Dinge des Alltags werden, wenn damit in einem geschichtsdidaktischen Rahmen wie dem Geschichtsunterricht Informationen über ihre Zeit oder Entwicklungen gewonnen werden sollen. Grundbedingung ist eine gemeinsame Sprache durch Symbole, Worte und Töne zwischen Produzent*innen und Rezipient*innen des Mediums. Da dies, insbesondere über die Zeit hinweg, nicht immer gänzlich möglich ist, werden Medien und ihr Informationsgehalt stets perspektivisch gedeutet und bewertet. Zudem besteht freilich auch die Problematik, dass in der Regel die Lehrkraft die Auswahl an – zumeist aufbereiteten – Medien festlegt und damit bereits eine gewisse Richtung vorgibt. Umso wichtiger ist es, dass die übermäßige und teilweise ausschließliche Nutzung von Texten und Bildern und die damit oft verbundene Quellenautorität im Geschichtsunterricht durchbrochen wird. Auch Gegenstände und Lieder können Antworten auf historische Fragen geben. [TM]

Ansichtssache

Viele Dinge sind uns verborgen, über die wir so gern etwas wissen würden. Wir wünschen uns ein Licht in der Dunkelheit. Wo im Haus hat die Urgroßmutter die Goldmünzen versteckt, von denen erzählt wird? Sie ist schon lange tot, ich kann sie nicht mehr fragen. Gibt es eine Schatzkarte? Gibt es eine besonders begabte Person, die den Kontakt zum Jenseits und meiner Urgroßmutter herstellen kann, die für mich bei ihr nachfragt und die mir die Antwort übermittelt? Dann wären alle meine Sorgen Vergangenheit. [JvN]

↓
Zum Weiterlesen
Außerschulische Lernorte, Geschichtsunterricht, Materialität, Quellen, Zeitzeug*innen

Abb. 46 | Alexander Lunois, Spiritistische Sitzung, um 1900.

Narration

Erzählung, Geschichte und Narration sind drei Begriffe, die für dieselbe Sache stehen: Ereignisse, die nicht zum selben Zeitpunkt stattgefunden haben, werden sinnvoll miteinander verbunden. Sinnvoll heißt, dass die Narration einen Zweck verfolgt. Die Erzähler*in reagiert auf ein aktuelles Problem und richtet sich an jemanden, mit dem sie gemeinsam nach Lösungen sucht oder den sie von ihrer Lösung überzeugen will: Narrationen haben kommunikativen und appellativen Charakter. Der Blick in die Vergangenheit ist angebracht, wenn die Gegenwart keine Lösungen parat hat: Narrationen haben retrospektiven Charakter. Sie verknüpfen Vergangenheit, Gegenwart und Zukunft: Narrationen sind Entscheidungszeit in sprachlicher Form. Auch wenn sie sich mit Vergangenheit beschäftigen und auf Zukunft abzielen, bleiben sie an die Kommunikationssituation im Hier und Jetzt gebunden: Narrationen sind soziale und perspektivische Konstruktionen von Wirklichkeit. In Anlehnung an Jörn Rüsen lassen sich fünf Wege unterscheiden, zeitdifferente Ereignisse sinnvoll miteinander zu verbinden. Das traditionale Erzählen setzt ein Gleichheitszeichen zwischen Vergangenheit und Gegenwart: Was damals geschehen ist, dient als Vorbild für heute. Mit dem exemplarischen Erzählen verhält es sich ähnlich, es beruft sich aber nicht auf eine Tradition, die an den Ahnen festgemacht wird, sondern auf ewige Werte, für die Vergangenes als Beispiel dient. Das kritische Erzählen setzt ein Ungleichheitszeichen: Die Vergangenheit wird nicht als Vorbild genutzt, sondern als Schreckbild. Heute muss man alles anders machen. Das genetische Erzählen versucht einen Kompromiss zwischen Tradition und Kritik: Etwas bleibt richtig, anderes muss zugunsten des Neuen verworfen werden. Das entrückte Erzählen schließlich will faszinieren, aber nicht orientieren. Die Erzähler*in will nicht überzeugen, für sie zählt der Applaus. Wem eine Geschichte erzählt wird, sollte vorsichtig sein, denn hier erwartet jemand etwas von ihm*ihr. Auch Historiker*innen und Geschichtslehrkräfte erzählen Geschichten und verfolgen damit eine Absicht. [JvN]

Ansichtssache

Farben, Flammen, Figuren, Formeln ... Was bleibt bei diesem Wirrwarr außer Fragen! Wo ist der Sinn? Was für eine Geschichte wird uns hier erzählt? Wo ist Anfang, wo ist Ende? Die Zusammenkunft der Figuren lockt mit dem Licht der Erkenntnis. Geben Äste und Stämme Kontinuität und Halt? Doch Veränderung naht, das geordnete Chaos scheint bedroht. Aber wovon? Der rahmende Hintergrund weist hinaus, weg vom Zentrum des Bildes. Ist das der Weg, den wir suchen? Die Formeln bleiben kryptisch. Was tun ...? [WS]

↓
Zum Weiterlesen
Entscheidungszeit, Geschichte, Konstruktivismus, Sinnbildung, Zukunft

Abb. 47 | Jörg van Norden, Wege, 2017.

Operatoren

Als handlungsinitiierende Verben wie „nennen" oder „erklären" verstanden, dienen Operatoren der Bewältigung einer Aufgabe. Nicht alle Handlungsabläufe sind für den Menschen intuitiv verständlich und umsetzbar. Ob das Bedienen einer Maschine oder das Spielen eines Spiels – es bedarf einer Anleitung, die in Handlungsschritte unterteilt ist, damit die gewünschte Ausführung im Sinne der Funktionsweise der Maschine oder des Spiels gelingen kann. Auch im Kontext des historischen Lernens braucht es Bedienungsanleitungen, um den kritischen Umgang mit Medien und eine reflektierte Urteilsbildung zu erlernen. Während Aufgabenformate im reinen W-Fragestil – wer, was, warum – sehr offen formuliert, nur bedingt zielführend und sprachlich voraussetzungsreich sind, verstehen sich Operatoren als fest definierte Arbeitsprozesse, die ein explizites Handeln mit einer eindeutigen Zielsetzung verlangen. Das mag an behavioristische und konditionierende Methoden erinnern, ist jedoch im Bildungsbereich dann eine Notwendigkeit, wenn Lernenden gleiche Voraussetzungen und Ziele ermöglicht werden sollen, um sie in Leistungsüberprüfungen zu vergleichen. Es besteht dadurch eine gemeinsame Kommunikationsgrundlage. Operatoren können historisches Denken, sofern mündlich oder schriftlich versprachlicht, sichtbar machen und beim Erwerb einzelner Fähigkeiten und Fertigkeiten helfen. Die Kultusministerkonferenz hat sie daher für jedes Unterrichtsfach im Einzelnen festgelegt. Um aber kein Schema zu etablieren, das an der konkreten Lernsituation vorbeigeht, braucht es immer eine flexible Binnendifferenzierung, die je nach Kompetenzentwicklung der Schüler•innen entweder kleinschrittige und voraussetzungsarme oder anspruchsvolle Arbeitsaufträge bietet. Dafür werden gestufte Operatoren benötigt, die unterschiedliche Leistungsanforderungen abdecken und zu einer wachsenden Selbstständigkeit verhelfen, sodass schließlich der kritische Umgang mit einem Medium historischen Lernens zu einer bewussten und selbstverständlichen Handlung wird. [TM]

Ansichtssache

Immerhin weiß ich jetzt, wie es am Ende aussehen soll. Ich habe einen Plan, was ich zu tun und zu lassen habe. An einigen Stellen droht Gefahr. Ich muss mir einen Partner suchen, etwas unterlegen und die Reihenfolge einhalten. Die Werkzeuge, die ich brauche, sind abgebildet. Ich muss sie selbst beisteuern, denn sie sind im Paket nicht enthalten. Die verschiedenen Kleinteile sind genau abgezählt, ich darf keines davon verlieren. Und wenn ich nicht mehr weiterkomme, kann ich immer noch anrufen.

[JvN]

↓
Zum Weiterlesen
Analyse,
Geschichtsunterricht,
Kompetenzen,
Medien historischen
Lernens,
Sprache

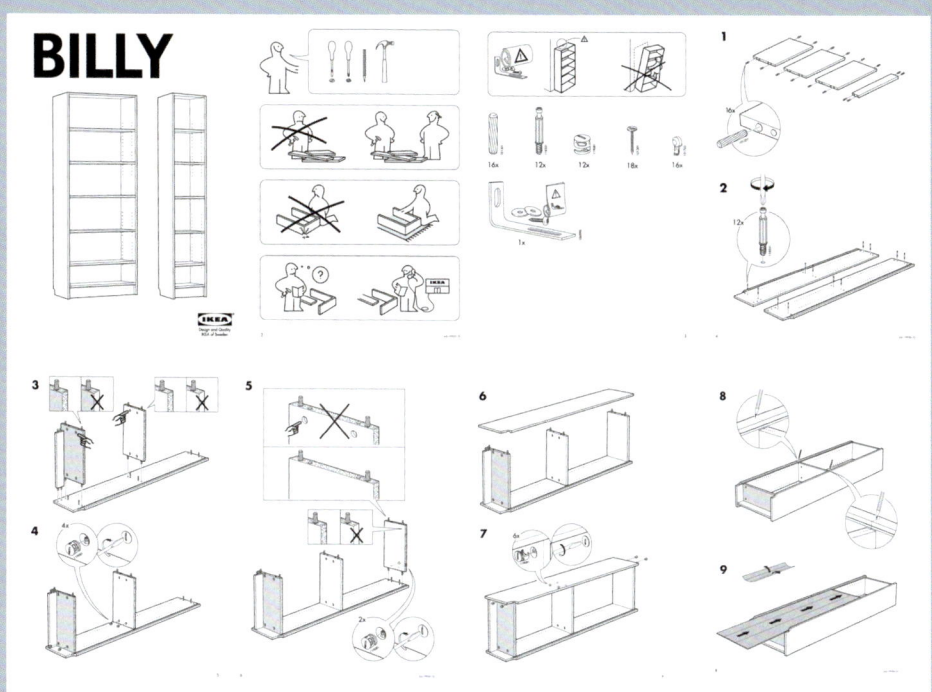

Abb. 48 | IKEA, Aufbauanleitung, 2008.

Personalisierung/ Personifizierung

Dieses Begriffspaar versteht sich als Ausprägung des gleichen Prinzips historischen Denkens und Erzählens, dessen Vor- und Nachteile hinsichtlich der Konstruktion von Geschichte Klaus Bergmann aufdeckte. Der Mensch sucht nach Vereinfachung und Kategorisierung seiner Eindrücke von der Welt. Dadurch werden unweigerlich Wissen und Wahrnehmungen auf wenige Begrifflichkeiten, Phänomene und Entwicklungen reduziert. Die Vergangenheit der Menschen und damit jedes einzelnen Individuums in Gänze zu fassen ist aufgrund ihrer Komplexität unmöglich. Deshalb werden Taten, Entscheidungen und Ereignisse auf einzelne Persönlichkeiten und Typen bezogen, um Identifikation, Orientierung und konkrete Vorstellungen zu schaffen. So kennt man große Männer und Frauen der Geschichte, die Siege errungen, Nationen geführt oder Schrecken verbreitet haben: Jeanne d'Arc siegte über die Engländer und Kolumbus hat Amerika entdeckt. Einzelne Personen vergangener Zeiten werden helden- oder dämonenhaft stilisiert, als hätten sie aufgrund ihres Wesens ganz allein diese Taten vollbracht. Man spricht von Personalisierung. Doch brauchte Jeanne d'Arc keine Soldaten, Kolumbus keine Matrosen? Bei der Personifizierung werden dagegen bestimmte gesellschaftliche Gruppen in Typen gefasst, da sich die betreffenden Personen ähneln: die Bauern, die Sklavinnen, die Arbeiter. Aber unterscheidet sich der mittelalterliche nicht vom modernen Bauern? Waren alle Sklavinnen zu einer Zeit gleich? Weil die Personalisierung Identifikationssymbole liefert und Traditionen stiftet, kann sie zu politischer Apathie führen, da die Teilnahme an den Geschicken der Welt den kleinen Männern und Frauen scheinbar verwehrt bleibt. Die Personifizierung verleiht zwar diesen eine Stimme, aber sie kann auch Stereotypen und Vorurteile befördern. Der oder die Einzelne droht in der Masse zu verschwinden. Aber ohne Personalisierung und Personifizierung sind Narrationen und damit Geschichten kaum denkbar. [TM]

↓
Zum Weiterlesen
Geschichte,
Identität,
Narration,
Perspektivität

Abb. 49 | Harald Hellmich/Klaus Weber, Plakat (DDR), 1952.

Perspektivität

Perspektivität bestimmt die Art unserer Wahrnehmung und ihre Deutung. Sie macht uns jeweils zu individuellen Betrachtern und Konstrukteuren unserer eigenen Lebenswelt. Denn wie etwas wahrgenommen wird, hängt vom Standort ab, von welchem man darauf blickt. Welche Kenntnisse, Erwartungen und Ziele habe ich? Wie bin ich sozialisiert, in welchem Werte- und Normensystem groß geworden? Welcher gesellschaftlichen Gruppe gehöre ich an? Zahlreiche Faktoren prägen die eigene Perspektive und bewirken, dass die Sichtweise einer anderen Person niemals gänzlich nachvollzogen oder gar übernommen werden kann. Aus dieser Annahme speist sich der erkenntnistheoretische Konstruktivismus. Betrachtet man mit Klaus Bergmann, der diesem Prinzip historischen Lernens erst zu seiner didaktischen Bedeutung verholfen hat, die Geschichte(n), sind drei Ebenen denkbar: Erstens nehmen Menschen ein Ereignis ihrer Zeit unterschiedlich wahr, weil ihr sozialer Standort verschieden ist (Multiperspektivität). Das Ereignis kann jedoch auch von Menschen wahrgenommen werden, die nicht davon berichten und damit historisch stumm bleiben. Zweitens können verschiedene und idealerweise multiperspektivisch überlieferte Wahrnehmungen von Historiker*innen herangezogen und unterschiedlich gedeutet werden (Kontroversität). Drittens können diese Wahrnehmungen und Deutungen für die eigene Urteilsbildung unterschiedlich genutzt werden und zu vielfältigen Meinungen führen (Pluralität). Die Perspektivität von Geschichte ist daher einer der wichtigsten Aspekte des Geschichtsunterrichts. Den Schüler*innen diese aufzuzeigen und sie, mit entsprechenden – obgleich selbst wiederum perspektivisch geprägten – Hintergrundnarrationen versorgt, an Quellen arbeiten zu lassen, fördert das Verständnis für den Konstruktionscharakter von Geschichte und die Erkenntnis, dass es nicht die eine Wahrheit oder richtige Deutung geben kann, sondern nur etwas intersubjektiv Überprüfbares. So lernen sie einen toleranten, aber auch kritischen Umgang mit Meinungen anderer. [TM]

Ansichtssache

Ein Malwettbewerb ist ausgeschrieben worden und die Künstler eifern darum, das Modell wahrheitsgetreu abzubilden. Es handelt sich um einen Mann, der eine Szene aus dem heiligen Buch der Christen nachstellt: Jesus trägt das Kreuz, an dem er hingerichtet werden wird, auf den Hügel Golgatha. Der Wettbewerb findet in Europa statt, denn im Hintergrund ist eine entsprechende Stadt zu sehen. Das kann unmöglich das Jerusalem des 1. Jahrhunderts sein, das Modell unmöglich der echte Jesus. Außerdem wird im Neuen Testament nirgendwo erwähnt, dass auf Golgatha Maler anwesend waren, um das Geschehen festzuhalten. [JvN]

Zum Weiterlesen
Alterität,
Konstruktivismus,
Narration,
Urteilsbildung

Abb. 50 | Johann David, Veridicus Christianus, 1601.

Problemorientierung

Problemorientierung ist für diejenigen unwichtig, für die es keine Probleme gibt oder die sie für unlösbar halten. Letzteres würde Wissenschaft, Lernen und historisches Denken überflüssig machen. Wer annimmt, dass aktuell keine Probleme da sind, weil wir in der besten aller Welten leben, für den ist die Vergangenheit nur der mühsame Weg, der dorthin geführt hat. Er erzählt eine Fortschrittsgeschichte. Wenn es dann in Wissenschaft und Unterricht um Probleme geht, sind es die der Vergangenheit: In der deutschen Verfassungsgeschichte stritt man sich um das Recht, Abgeordnete in ein Parlament zu wählen. Das preußische Dreiklassenwahlrecht privilegierte reiche Männer. In der Bundesrepublik gilt die allgemeine, gleiche, geheime Wahl. Klaus Bergmann hat die Vorstellung, heute seien wir auf dem Gipfel der Entwicklung angekommen, als gegenwartsgenetisches Denken bezeichnet und verurteilt. Gesellschaftliche, politische und wirtschaftliche Harmonie müsse erst noch durchgesetzt werden. Wer Geschichte nutze, um die Probleme der Gegenwart zu verdrängen, missbrauche die Vergangenheit. Was das Wahlrecht des Grundgesetzes angeht, könnte man den Eindruck haben, dass mehr Mitbestimmung nicht möglich ist. Die Altersgrenze, ab der gewählt wird, kann aber gesenkt und die Möglichkeiten direkter Demokratie erweitert werden. In anderen Bereichen, zum Beispiel der Verteilung des Reichtums, verschärfen sich die Unterschiede in der BRD und weltweit. Probleme gibt es heute genug. Schüler*innen kennen sie aus ihrem Alltag und aus den Medien. Es ist lernpsychologisch und geschichtstheoretisch angebracht, von ihnen auszugehen, denn der Blick in die Vergangenheit ist immer von dem Standpunkt der Person abhängig, die zurückschaut, also von seiner Gegenwart. Wird ein Problem als Ausgangspunkt gewählt, präsentiert der Rückblick nicht die Lösung, aber er gibt Denkanstöße, weitet den Horizont über die beschränkte Gegenwart hinaus und erlaubt es, eine Geschichte zu erzählen, die zur Bewältigung des Problems beiträgt.

[JvN]

Ansichtssache

Hier denkt jemand ganz scharf nach. Wird der junge Spieler bald schachmatt gehen und die Partie verlieren? Er möchte es verhindern. Doch wie das Problem angehen, die Hürde nehmen? Es ist mehr als nur ein Denkschritt gefordert. Wenn man problemorientiert in eine Geschichtsstunde einsteigt, steht am Anfang hoffentlich etwas Interessantes und Fragwürdiges. Nicht selten erscheinen Lehrenden historische Gegenstände oder Sachverhalte problematisch, die für Lernende völlig belanglos sind und durch die keine Fragen angeregt werden. Wer kein Schach spielt, dem wird hier vor allem ein Problem suggeriert.

[SK]

↓
Zum Weiterlesen
Emanzipation,
Entscheidungszeit,
Geschichtsunterricht,
Narration,
Perspektivität

Abb. 51 | Unbekannte*r Fotograf*in, School Student Ponders Chess Problem, 1980.

Quellen

Quelle ist eine Metapher, die Historiker*innen seit dem 19. Jahrhundert für das Material verwendeten, auf das sie ihre Forschung stützen: das, was in Form von Texten, Bildern und Gegenständen von der Vergangenheit übrig geblieben ist. Sie waren zuversichtlich, der historischen Wahrheit auf die Spur zu kommen, wenn sie analytisch genau arbeiteten. Je zeitlich näher die Überlieferung an dem zu untersuchenden Ereignis war, desto verlässlicher sollte sie sein. Oder im Sinne der Metapher: An der Quelle ist das Wasser sauberer als flussabwärts. Diese Vorstellung findet sich in der Unterscheidung zwischen Primär- und Sekundärquellen. Die einen sind zuerst entstanden, die anderen stützen sich auf sie. Ähnlich verhält es sich mit dem Begriffspaar Quellen und Darstellung. Die Entstehungszeit sagt jedoch nichts über den Wahrheitsgehalt aus. So wird der*die heutige Historiker*in einer Rede Hitlers weniger glauben als entsprechenden Veröffentlichungen ihres*ihrer Kolleg*in. Aber auch die sind zu hinterfragen. Stammen sie zum Beispiel aus der DDR, kommen sie zu ganz anderen Antworten auf die Frage, wer für den Faschismus verantwortlich gemacht werden kann, als zeitgleiche Literatur aus der BRD. Entscheidend ist, wer wann wo für wen und warum schreibt. Dabei ist das „Warum", die Intention der*des Autor*in, ausschlaggebend. Einmal will der Text der Nachwelt, einmal den Zeitgenossen etwas sagen. In eine solche Richtung geht die Einteilung des Materials in Tradition beziehungsweise Monument auf der einen und Überrest bezichungsweise Dokument auf der anderen Seite. Auch diese Unterscheidung sagt nichts über die Zuverlässigkeit des Materials aus. Schließlich gibt es Versuche, verschiedene Quellengattungen voneinander abzugrenzen. Mit Bild-, Text- und Sachquellen müsse man unterschiedlich umgehen. Der New Materialism hält materielle Gegenstände für besonders zuverlässig. Ob man auf den Begriff „Quelle" verzichten will oder nicht, der Überlieferung ist stets misstrauisch zu begegnen. Aber ohne Überlieferung sind Historiker*innen nichts.   [JvN]

Ansichtssache

Vier Personen stehen um einen metallenen Brunnen herum und zapfen Wasser in ihre Flaschen ab. Alle nehmen nur das Wasser, das direkt aus den Ausläufen kommt, keiner schöpft aus dem Auffangbecken. Es ist wohl schon alt und ungenießbar. Ist der Brunnen die Quelle oder nur die Zapfstelle? Zumindest wirkt er sehr erhaben, denn er steht in einer großen Halle und ist nur über herunterführende Treppen erreichbar. Was macht ihn besonders? Sein Standpunkt oder sein Wasser?
[TM]

↓
Zum Weiterlesen
Epistemologie,
Materialität,
Perspektivität,
Sinnbildung

Abb. 52 | Jürgen Sorges, Heilige Quelle (Bilgar, Tatarstan), 2008.

Q

Race

Warum dieser englische Begriff? Würde man ihn übersetzen, wäre man schnell dabei, ihn für eine vergangene ideologische Verirrung zu halten. Als historisches Thema könnte man sich dieser Zuschreibung kopfschüttelnd nähern und beruhigt zurücklehnen in dem Glauben, dass man diese Form der Ausgrenzung erfolgreich auf dem Müllhaufen der Geschichte entsorgt habe. Dass dieser Schein trügt, wird immer dann sichtbar, wenn die Empörung über angeblich übertriebene Formen der political correctness sehr schnell aufbrandet: „Man wird das doch wohl noch sagen dürfen!" Ausgrenzungsmechanismen zeigen sich in solchen Situationen gerade dadurch, dass Kritik von Menschen, die sich diskriminiert fühlen, gewendet wird in Kritik an der Aufforderung, solche Zuschreibungen zu unterlassen. Biologen haben – zuletzt mit der „Jenaer Erklärung" – klargestellt, dass genetische Differenzierung nicht entlang geografischer Gliederung existiert. Aber genau diese biologischen, angeblich nur innerhalb einer Gruppe reproduzierbaren Merkmale werden beim Rassismus zur Grundlage, kulturelle Eigenschaften und Hierarchien ihrer Wertigkeiten zwischen Gruppen zu begründen. In politischer Auseinandersetzung wird der Begriff schnell unscharf für jegliche biologisch begründete Form gruppenbezogener Diskriminierung verwendet. Aber diese Relativierung ändert nichts an der fortdauernden Wirksamkeit rassistisch begründeter Ungleichheit. Äußere körperliche Merkmale werden nach wie vor als Ausgangspunkt für kulturelle Zuschreibungen genommen. Race ist neben Class und Gender eine Kategorie der Intersektionalitätsforschung zur Beschreibung sozialer Ungleichheit. Und „Critical Whiteness" fordert nicht nur schwarzes „Empowerment", sondern regt zur (Selbst-)Reflexion privilegierter weißer Positionen im sozialen Gefüge an. Geschichte war am Konstruieren rassistischer Manifestationen immer zentral beteiligt, kann aber auch entscheidend zur Dekonstruktion von Rassismen beitragen. Dennoch steht eine rassismuskritische Geschichtsdidaktik noch ganz am Anfang. [LD]

Ansichtssache

Oje, da hat es aber jemand gut gemeint mit der roten Farbe im Gesicht und den bunten Hemden. Den Kindern scheint es zumindest zu gefallen, denn nur so fühlen sie sich wie „echte Indianer". Sie wollen bestimmt „typische" Ureinwohner Nordamerikas darstellen, bekannt aus Filmen und Kinderbüchern. Die hatten schon ein buntes Abenteuerleben, so ganz anders als wir! Aber sehen Apachen, Sioux, Irokesen und die vielen anderen Völker, die ich durch zahlreiche Medien als Indianer kennengelernt habe, so aus? Ob die auch Kostüme von uns haben und so sein wollen wie wir? [TM]

↓
Zum Weiterlesen
Class,
Emanzipation,
Geschlecht*er,
Historisch-politische
Bildung

Abb. 53 | Horst Schunk, Faschingskostümierung, o. J.

Realismus

Der Realismus bejaht die Frage, ob sich Menschen ein Bild von der Welt machen können, wie sie ist. Wenn man sich in etwas täusche, liege das an der eigenen Dummheit oder Voreingenommenheit. Gerade Wissenschaft müsse sich von allem Subjektivem lösen, dann könne sie die Welt objektiv beschreiben. Ein solcher naiver Realismus wird heute kaum noch vertreten und man argumentiert zum Teil historisch: Die Menschheit habe im Laufe der Zeit schrittweise gelernt, die Realität so zu erfassen, wie sie ist. Das Wissen sei kontinuierlich an die nächste Generation weitergegeben worden und gewachsen. Dazu passt die Idee, die Menschen beherrschten die Natur inzwischen in einem Maße, dass man vom Erdzeitalter des Anthropozän sprechen müsse. Als dieser Begriff von Naturwissenschaftler*innen der frühen Sowjetunion geprägt wurde, versprach er das Paradies auf Erden. Aktuell wird Anthropozän pessimistisch begriffen: Die Menschheit mache sich durch Massenvernichtungsmittel und Umweltzerstörung selbst ein Ende. Das Beispiel zeigt, dass Begriffe je nach Standort Unterschiedliches sagen. Diese Tatsache berücksichtigt der kritische Realismus. Standortgebundenheit ist für ihn nichts Schlechtes. Sie helfe, einen Sachverhalt aus verschiedenen Blickwinkeln zu sehen. Wenn sich das Wissen der einzelnen Wissenschaftler*innen allmählich zu einem gemeinsamen Bild zusammensetze, nähere man sich der Realität. Die Historiker*innen unter den Realisten haben es besonders schwer. Die Vergangenheit, die sie beschreiben wollen, ist nur indirekt über das wenige wahrzunehmen, was von ihr noch übrig geblieben ist. Quellen widersprechen sich oder stellen sich als Fälschungen heraus. Können sich Historiker*innen überhaupt in die Vergangenheit zurückversetzen? Aufgrund dieser Schwierigkeiten bedienen sie sich einer besonderen Methode, der Hermeneutik, um zu belastbaren Ergebnissen zu kommen. Übrigens sind auch die Naturwissenschaftler*innen seit der Relativitätstheorie Einsteins und der Unschärferelation Heisenbergs in Sachen Objektivität kritischer geworden. [JvN]

Ansichtssache

Die sanften Bewegungen des Wassers verzerren das Bild, das ein scheinbar kleines Bächlein dort spiegelt. Zu erkennen sind dennoch ein Turm und Teile einer Mauer. So etwas kennt man doch. Sind es vielleicht Teile einer Burg? Weiß der Betrachter des Wasserlaufs womöglich mehr? Er muss doch nur hinter sich blicken. Oder es ist ganz anders. Spielt das Bächlein mit unseren Sinnen? Werden Wahrnehmung und Erfahrung von einer optischen Täuschung wie beim Paddel im Wasser in die Irre geführt? [TM]

Zum Weiterlesen
Anthropozän,
Epistemologie,
Ideologiekritik,
Imagination,
Quellen

Abb. 54 | Benjamin Gimmel, Spiegelbild, 2005.

Sinnbildung

Sinnbildung verbindet zwei Möglichkeiten: Einerseits kann etwas sinnvoll sein, andererseits kann man etwas, zum Beispiel seinem Leben, einen Sinn geben. Etwas ist sinnvoll, wenn es hilft, ein bestimmtes Ziel zu erreichen. Wer den Sozialismus aufbauen möchte, für den ergibt es Sinn, den Privatbesitz an Großkapital, Grund und Boden sowie Industrieanlagen in Volkseigentum zu überführen. Was für die einen ein Schritt in die richtige Richtung ist, erscheint den anderen als gefährlicher Irrtum, weil sie andere Ziele verfolgen. Ob man etwas für sinnvoll hält, hängt also von den Zielen ab, die man sich setzt. Was meint vor diesem Hintergrund „Sinnbildung"? Wenn sich an einem kahlen Zweig die ersten Knospen bilden, entwickelt sich etwas ohne menschliches Zutun. Dagegen ist es der*die Künstler*in, die das Bild malt. Den Unterschied zwischen beiden Prozessen macht der Anteil, den der Mensch an ihnen hat. Ähnlich ist es mit dem Sinn. Einerseits ist er vielleicht schon da und man muss ihn nur finden. Weil sich der Sinn von einem Ziel ableitet, ist dann auch ein entsprechendes Ziel immer schon da. Man muss es nur erkennen. Menschen haben oft an solche Ziele geglaubt: das Reich Gottes, den Kommunismus, die Herrschaft einer bestimmten Rasse, den freien Markt. Wer so etwas glaubt, für den ergibt auch die Vergangenheit Sinn, falls das, was bisher geschah, ein zielführender Schritt gewesen ist. Wer andererseits davon ausgeht, dass man Ziele nicht vorfindet, sondern sie sich selber setzt, findet nicht den Sinn des Lebens wie ein Osterei, das jemand anderes versteckt hat. Vielmehr gibt man seinem Leben einen Sinn und damit auch der Vergangenheit. Menschen stiften Sinn, d. h., sie deuten Entwicklungen auf ein bestimmtes Ziel hin. Sie geben vergangenen Ereignissen damit eine Bedeutung. Sinnbildung hat historischen Charakter, weil sie etwas mit Zeit zu tun hat. Sie verbindet Ziele, die in der Zukunft erreicht werden wollen, mit der Gegenwart, die zu wünschen übrig lässt, und der Vergangenheit als Markt der Möglichkeiten. Bei Zielkonflikten kann es helfen, Geschichten und Sinn auszuhandeln. [JvN]

Ansichtssache

Welch ein Irrgarten! Wie viele Wege mag es wohl geben, die nach draußen führen? Zum Glück bin ich nicht da unten drin, ich wüsste nicht, wo lang. Aber von hier oben kann ich mir in aller Ruhe einen Weg heraussuchen. Ob nun kurz oder lang, Umweg oder direkt, tiefer hinein oder schleunigst nach draußen, ich bestimme einen Weg, der mir passt und mich zum Ziel führt. Die Wege sind zwar so schön angelegt, aber ist es auch erlaubt, zurückzugehen oder über die Hecke zu klettern? [TM]

↓
Zum Weiterlesen
Epistemologie, Konstruktivismus, Perspektive, Zukunft

Abb. 55 | Unbekannte*r Fotograf*in, Labyrinth, o. J.

Sprache

Sprache ist ein elementarer Bestandteil von Kommunikation. Weil Geschichte nur über Erzählen funktioniert, ist sie nicht getrennt von Sprache denkbar. Wahrnehmungen werden in Worte gefasst und an Dritte übermittelt, sind dabei allerdings standortgebunden und persönlicher Imaginationen geschuldet. Wie ich Begriffe auslege und Vergangenes verbalisiere, unterscheidet sich durchaus nicht nur in gegenwärtigen, sondern auch vergangenen Lebenswelten erheblich von der Praxis anderer Personen. Sprache unterliegt damit einem stetigen Wandel. Beschreibt das Wort Sklave im Kolonialismus das Gleiche wie in der Antike? Warum erscheint die Sprache von Texten vergangener Zeiten befremdlich? Wissen Schüler*innen, wann sie kritisch oder traditional erzählen? Schon Michelle Barricelli hat in seiner Untersuchung zur narrativen Kompetenz festgestellt, dass der Geschichtsunterricht Sprache ernster nehmen muss. Denn wenn von Schüler*innen erwartet wird, historisch zu erzählen, dann müssen sie die sprachlichen Strukturen für einen solchen Prozess ebenso wie die fachlichen Inhalte beherrschen. Aber erst in den letzten Jahren ist das Interesse an sprachsensiblem Geschichtsunterricht seitens der Geschichtsdidaktik größer geworden und hat empirische Untersuchungen motiviert. Es wurde deutlich, dass sich sprachliches und fachliches Lernen gegenseitig bedingen und gleichermaßen für das historische Lernen wichtig sind. In diesem Kontext spielen auch konzeptuelles Lernen und Operatoren eine wichtige Rolle. Letztere geben spezifische Sprachhandlungen vor und lenken Schülerantworten in die Richtung bestimmter Erzählstrukturen. Genauso bedarf es im Unterricht der sensiblen, an der jeweiligen Textsorte, ihren Strukturen und Begrifflichkeiten orientierten Analyse. Der Blick in die Linguistik kann hier wertvolle Anregungen für sprachsensiblen Unterricht liefern. Wenn Geschichtsunterricht derart gedacht wird, kann darüber hinaus das häufige Missverständnis korrigiert werden, sprachsensibler Unterricht sei eine bloße Reaktion auf eine Schülerschaft unterschiedlichen Migrationshintergrunds. [TM]

Ansichtssache

1799 droht ein französischer Offizier von seinem Pferd abgeworfen zu werden, als es bei der Stadt Rasid im Nildelta über einen im Sand verborgenen, mit Schriftzeichen übersäten Stein stolpert. Oder hat der Offizier ihn bei dem Rückbau einer Festungsmauer gefunden? Frankreich kämpfte damals in Ägypten gegen England und verlor mit seiner Niederlage auch besagten Stein. Er endete im Britischen Museum, behielt aber seinen französischen Namen. Der dreisprachige Stein ermöglichte die Entzifferung der Hieroglyphen. Handelt es sich um Raubkunst? Muss er an Ägypten zurückgegeben werden?
[JvN]

Zum Weiterlesen
Imagination,
Leib/Leiblichkeit,
Narration,
Operatoren

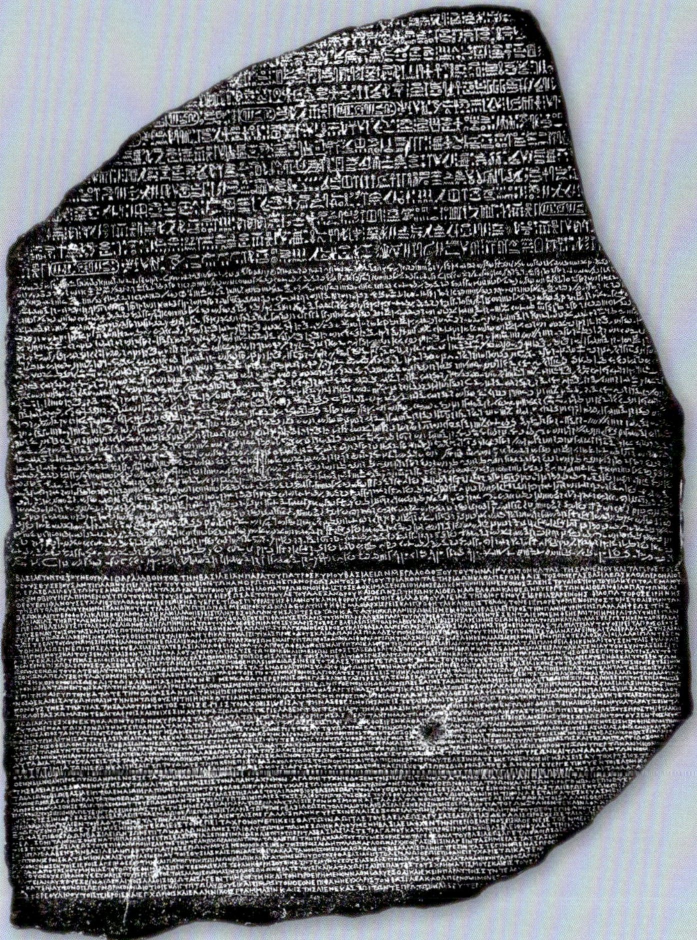

Abb. 56 | Stein von Rosetta (Hieroglyphen, Demotisch, Griechisch), 196 v.Chr.

Themenstrukturierung

Es ist eine alte Gewohnheit, Geschichte so zu erzählen, dass sie mit dem Ereignis beginnt, das am weitesten zurückliegt, alles wird aneinandergereiht und in Epochen geordnet. Die meisten Schulbücher und Lehrpläne sind nach einer solchen Chronologie organisiert. Das ist nicht unproblematisch und schon gar nicht alternativlos. Von „Luther bis Hitler" ist weniger ein Überblick als eine interessengeleitete Interpretation. Perlen, die nicht auf die Schnur einer solchen Meistererzählung passen, fallen unter den Tisch. Und überhaupt: Wo soll eine solche Geschichte beginnen und wo soll sie enden? Vielfach ist vorgeschlagen worden, Zeit vielschichtiger zu repräsentieren, die gängige Chronologie zumindest umzudrehen und aus dem Hier und Jetzt der Lernenden in die Vergangenheit zurückzublicken. Das hat lernpsychologisch und epistemologisch eine bestechende Logik. Auch die Geschichtswissenschaft erzählt Geschichte(n) selten komplett von Anfang bis Ende, sondern als Fallanalyse, um Ereignisse herum gruppiert oder als Längsschnitt, Querschnitt, mit biografischem oder gegenständlichem Fokus. Längsschnitte nehmen eine aktuelle Frage in den Blick und thematisieren sie im zeitlichen Vergleich. Dabei treten besonders Kontinuitäten und Alteritäten hervor. Geschichte spielt ihr Potenzial aus, Alternativen und damit Handlungsspielräume aufzuschließen. Dies geschieht mitunter aber auch auf Kosten der jeweiligen historischen Kontexte. Auf den Kontext konzentriert sich der synchrone Querschnitt. Er versucht, zeitgleiche Ereignisse der Vergangenheit zu vernetzen, um herauszufinden, wie sie sich gegenseitig beeinflusst haben. Die Fallanalyse, das biografische und das objektbezogene Verfahren sind vor allem methodische Ansätze, die historische Zusammenhänge herstellen. Welche Strukturierung einer Geschichte jeweils angemessen ist, lässt sich pauschal nicht sagen. Der Möglichkeiten gibt es immer verschiedene, auch wenn jede die Vielschichtigkeit von Zeit jeweils nur auf ihre eigene Weise darzustellen vermag. [LD]

Ansichtssache

Will man den Wald nutzen, braucht es Ordnung im Chaos. Von der übersichtlichen Fichtenplantage einmal abgesehen, wo Setzlinge in Reih und Glied gepflanzt worden sind, wachsen die Bäume, wie sie wollen. Am besten zählt man erst einmal, wie viele Nadel- und Laubbäume dort jeweils stehen. Oder ist es besser, zwischen Hart- und Weichholz zu unterscheiden? Oder ist die Resistenz gegenüber dem Klimawandel das entscheidende Kriterium? Da ist noch die Verkehrssicherungspflicht. Morsches Holz könnte Spaziergänger*innen gefährden. Wer auf so viele Aspekte achtet, sieht vielleicht vor lauter Bäumen den Wald nicht mehr. [JvN]

Zum Weiterlesen
Auswahlproblematik, Chronologie, Gegenwartsbezug, Personalisierung, Lebenswelt

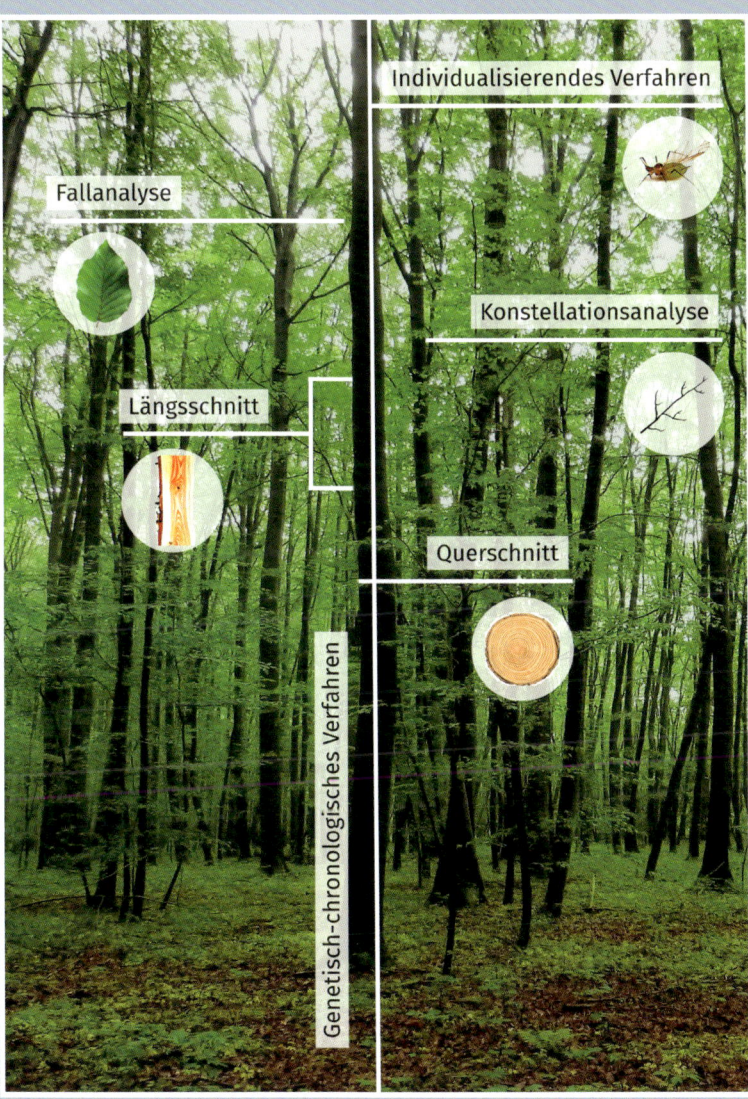

Individualisierendes Verfahren

Fallanalyse

Konstellationsanalyse

Längsschnitt

Querschnitt

Genetisch-chronologisches Verfahren

Abb. 57 | Suada Beganovic / Sophie Dambitsch / Lea Kröner / Laura Naegele,
Thematische Strukturierungen, 2013.

Theorie

Theorie, Empirie, Pragmatik und Normativität sind die vier Arbeitsbereiche der Geschichtsdidaktik. Die Theorie klärt Grundbegriffe, indem sie zum Beispiel überlegt, was „Narration" bedeutet. Das Bilderbuch, das gerade aufgeschlagen vor Ihnen liegt, ist das Ergebnis theoretischer Überlegungen. Die Empirie befragt Menschen, um herauszufinden, wie sie historisch denken. Die Pragmatik beschäftigt sich mit historischen Bildungsprozessen, zum Beispiel dem Geschichtsunterricht. Auf der normativen Ebene wird über die Ziele historischer Bildung entschieden.

Alle vier Bereiche sind aufeinander angewiesen. Die Theorie bestimmt den wissenschaftlichen Standpunkt, von dem aus Empiriker*innen ihre Daten erheben. Theorieorientierte Empirie öffnet sich fachlicher Kritik und verortet sich im Forschungsstand. Die Theorie tut ihrerseits gut daran, empirische Ergebnisse ernst zu nehmen und Begriffe gegebenenfalls zu überdenken. Wenn sich beispielsweise die narrative Typologie Jörn Rüsens in den Geschichten, die Schüler*innen schreiben, überhaupt nicht wiederfinden würde, stellte das die Tragfähigkeit des theoretischen Modells, vielleicht aber auch den betreffenden Geschichtsunterricht infrage. Wenn sich herausstellt, dass eine Jahrgangsstufe mit bestimmten Unterrichtsgegenständen überfordert ist, obwohl ihr Unterricht gut gemacht ist, sollten normative Entscheidungen das nicht ignorieren. Eine siebte Klasse kann in der Regel mit dem Gegenstand „Französische Revolution" weniger anfangen als mit der „Stadt im Mittelalter". Beides sind Inhalte, die der staatliche Lehrplan für Schüler*innen dieses Alters vorschreibt. Theorie und Empirie lassen sich relativ gut auf einander abstimmen, weil sie beide vor allem in der Universität beheimatet sind. Der Abgleich mit der Pragmatik, die die Lehrer*innen maßgeblich verantworten, ist weniger leicht. Umstritten ist, wer die normativen Entscheidungen treffen darf. In der Regel entscheidet der Staat in letzter Instanz über den Geschichtsunterricht und die offizielle Geschichtskultur. [JvN]

Ansichtssache

Ein Rahmen ohne Bild? Das braucht doch keiner. Wo ist der Inhalt? Aber ein Bild ohne Rahmen an die Wand zu hängen, wäre ebenfalls eine schmucklose Angelegenheit. Bei beiden hat man das Gefühl, es fehle etwas. Gemeinsam jedoch ergeben sie ein Ganzes, etwas in sich Geschlossenes. Ja, der Rahmen kann durch seine individuelle Gestaltung zur Aufwertung des Bildes beitragen, sogar mit ihm eine eigene Komposition schaffen. Bild und Rahmen sind dabei nach Belieben austauschbar, wenn Größe und Format übereinstimmen. Doch „passt" jedes Bild in jeden Rahmen?
[TM]

↓
Zum Weiterlesen
Empirie,
Geschichtskultur,
Geschichtsunterricht,
Lehrplan,
Narration

Abb. 58 | Unbekannte*r Fotograf*in, Rahmen, o. J.

Triftigkeit

Triftigkeit ist ein anderes Wort für Plausibilität. Es wird von jenen verwendet, die daran zweifeln, dass Menschen sich ein objektives Bild von dem, was ist und war, machen können. Dieser Zweifel muss nicht dazu führen, dass jede Meinung, von faschistischer Propaganda bis zu „fake news" gleich viel wert ist. Die Grenzen dessen, was sagbar ist, werden aber nicht vom Richter*innenstuhl der Objektivität aus verkündet, sondern gesellschaftlich ausgehandelt. Eine Möglichkeit ist, sich an narrative, empirische, normative und konsensuale Triftigkeit zu binden, wenn man über Vergangenheit redet. Narrative Triftigkeit meint, dass eine Erzählung in sich logisch und widerspruchsfrei ist. Eine solche „glatte" Narration könnte aber dazu verleiten, ihre Standortgebundenheit und Subjektivität zu vergessen. Wer verantwortlich erzählt, legt deshalb seine Absichten offen. Er erläutert und begründet, wie er seine Erzählung konstruiert hat. Wenn er sich auf die Quellen beruft, die er herangezogen hat, stellt er empirische Triftigkeit her. Eine Geschichte erfüllt dieses Kriterium, wenn sie den Quellen nicht widerspricht. Dabei können Historiker*innen nicht einfach Quellen nacherzählen. Sie wählen interessengeleitet aus der unübersehbaren Flut der Überlieferung aus und interpretieren ihr Material. Über die Ergebnisse lässt sich streiten. Empirische Triftigkeit ist Verhandlungssache. Dies gilt auch für die normative Triftigkeit, die Geschichten an den gerade gültigen wissenschaftlichen Theorien und Methoden misst, denn auch sie ändern sich. Damit wird die konsensuale Triftigkeit zur eigentlichen Nagelprobe der Narration: Die Geschichte gilt erst dann etwas, wenn sie sich in der Auseinandersetzung zwischen Erzähler*in und Zuhörer*innen bewährt hat. Ein solcher Konsens ist nicht ewig. Nicht mehr und nicht weniger ist eigentlich mit dem Begriff „Wahrheit" gemeint, denn er leitet sich von „währen" ab. Eine Wahrheit hat ihre Halbwertzeit. Diese Offenheit bietet die Chance, auf neue Herausforderungen reagieren zu können. Sie werden kommen, weil sich die Welt stetig ändert.   [JvN]

Ansichtssache

Oje, wer hat denn diese Kanonen aufgestellt? Der Feind kam wohl von allen Seiten sowie von oben und unten. Da wollte offensichtlich jemand sichergehen, dass zumindest eine Kugel ins Schwarze trifft. Wer gibt denn an, wo die Kugeln einschlagen sollen? Was soll denn getroffen werden? Vielleicht gab es aber auch mehrere Schützen und Befehlshaber, die ganz unterschiedliche Ziele anvisieren wollten. Nur wer hat dann das richtige Ziel beschossen?
[TM]

↓
Zum Weiterlesen
Epistemologie,
Fakten,
Fiktion,
Narration,
Quellen

Abb. 59 | Léon-Eugène Méhédin, Artillery Depot, 1855.

T

Urteilsbildung

Urteile sind wesentlicher Bestandteil von Geschichte und belegen ihren perspektivischen Konstruktionscharakter. Um sich für zukünftiges Handeln zu orientieren und Entscheidungen im Hier und Jetzt zu treffen, werden Erfahrungen der Vergangenheit auf ihren Wert für die Gegenwart hin beurteilt. Die Deutung vergangener Handlungen und Ereignisse beginnt und schließt mit der Positionierung der Betrachtenden, die Vergangenes stets auf der Grundlage individueller Bewertungsmaßstäbe und Vorentscheidungen interpretieren. Das menschliche Orientierungsbedürfnis macht die Gegenwart erst zum Dreh- und Angelpunkt historischer Betrachtung. So wird die europäische Aufklärung in unserer Sozialisierung, Weltanschauung und Geschichtskultur nicht selten als Wegbereiter für Grund- und Menschenrechtsdebatten stilisiert, Handlungen und Entscheidungen dieser Epoche sowie deren Auswirkungen auf die Gegenwart werden (un-)bewusst voreingenommen beurteilt. Das kann auch bedeuten, dass Strukturen, gegen die sich die Aufklärung gewehrt hat, verurteilt werden. Aber ist ein objektives Urteilen überhaupt möglich? Und was gebe ich mit meinem Urteil von mir preis?

Karl-Ernst Jeismann unterschied zwei Formen historischer Urteilsbildung, die den Geschichtsunterricht vor allem in ihrer Konkretisierung durch Peter Gautschi erheblich beeinflusst haben: Das Sachurteil klärt einen historischen Sachverhalt im Kontext der vorliegenden zeitgenössischen Quellen. Das Werturteil bestimmt den persönlichen oder gesellschaftlichen Wert eines solchen Sachverhalts für die Gegenwart. In das Sachurteil fließen allerdings immer eigene Wertmaßstäbe, in die Werturteile immer Sachverhalte ein. Das mag ein Problem sein, wenn man von einem Sachurteil „Sachlichkeit" im Sinne von Objektivität erwartet. Für den Geschichtsunterricht ist die Urteilsbildung unabdingbar. Ohne sie verliert er seine Legitimation. Sie muss allerdings stets hinsichtlich ihrer Perspektivität reflektiert werden. Nach Jörn Rüsen ist diese Reflexivität ein wichtiger Aspekt historischen Denkens und Lernens.   [TM]

↓
Zum Weiterlesen
Konstruktivismus, Perspektivität, Sinnbildung

Abb. 60 | Elena Piccini, Ouroboros (sich selbst verzehrende Schlange), 2005.

U

Verstehen

Dieser Begriff ist aus dem Alltag nicht wegzudenken: Ich verstehe mich gut mit dir; ich habe Verständnis für deine Reaktion; ich verstehe nicht, was du sagst; ich habe es verstanden. Die genannten Äußerungen unterscheiden sich zum Teil erheblich in ihrer Aussagekraft und Intention. Peter Gautschi hat erst jüngst – auf Kurt Reusser rekurrierend – acht strukturelle Variationen von Verstehen aufgezählt, die, auf den Unterrichtsprozess bezogen, je nach Aufgabenstellung von Bedeutung sein können. Eine eindeutige Definition ist daher kaum möglich, sodass „Verstehen" als Operator für Arbeitsaufträge ausfällt. Im Geschichtsunterricht ist ein Verstehen häufig das Nachvollziehen historischer Handlungen und Entscheidungen, das Bewusstwerden von Andersartigkeit, das Begreifen historischer Texte etc. Aber laufen alle diese Operationen nicht letztendlich auf standortgebundene und subjektive Sinnbildung hinaus? Verstehen ist ein rein individueller Vorgang und damit von Person zu Person verschieden. Schon Otto Friedrich Bollnow sah darin ein Problem: Verstehen sei stets der Sympathie oder Antipathie dem jeweiligen Objekt gegenüber unterworfen. Nur durch einen intersubjektiven Verstehensprozess bzw. die gemeinsame Auseinandersetzung mit den jeweiligen Standpunkten sei ein kritisches, d. h. sich dem wahren Kern annäherndes Verstehen des Objekts möglich. Konstruktivisten würden hier sicher eher von Konsens als von Wahrheit sprechen. Im Unterricht kann also nicht pauschal vorausgesetzt werden, dass die erfolgreiche Lösung einer Aufgabe tatsächlich von allen Lernenden verstanden worden ist. Es muss sowohl für Lehrkräfte als auch Schüler•innen klar sein, was im Einzelfall mit Verstehen gemeint ist, ob es sich z. B. um ein spezifisches Wissen oder ein Können handelt. Darüber hinaus bedarf es – im Sinne der Pluralität – eines offenen Austauschs individueller Meinungen und Urteile, um eben die Perspektivität und damit Komplexität von Verstehen sichtbar zu machen und einen Konsens anzubahnen. Hast DU verstanden, was Verstehen ist? [TM]

Ansichtssache

Die Charmeoffensive des BILD-Reporters mit der Kamera auf der Brust rechts im Bild scheint an dem Besitzer eines Hofguts nahe Wuppertal vorbeizugehen. Nichts als Missverständnis und Empörung drücken seine Gestik und Mimik aus. Aber warum? Er möchte dem Reporter keinen Zutritt zu seinem Hof gewähren. Denn dort hält sich die 27-jährige Elly Rometsch auf, die aufgrund angeblicher Beziehungen zu US-Regierungsbeamten aus den USA ausgewiesen worden ist. Werden die zwei Männer zu einer Übereinkunft kommen? Ist es überhaupt möglich, dass sie sich verstehen? [WS]

↓
Zum Weiterlesen
Alterität,
Operatoren,
Perspektivität,
Urteilsbildung

Abb. 61 | Heinz Ducklau, Linderhausen, 1963.

V

Wissen

Wissen ist Macht. Mit diesem Satz betonte die „Arbeiter*-innenklasse" des 19. Jh. die Notwendigkeit, staatsfreie Schulen aufzubauen. Dort sollten Arbeiter*innenkinder sozialistische Bildung erhalten, um irgendwann die Macht im Staat zu übernehmen, der ihnen diese Bildung in seinen Schulen versagte. Heute sind es andere, die den Wissenserwerb hochhalten. Sie klagen, dass Schüler*innen zu wenig wissen. Was das Fach Geschichte angeht, wollen sie sich auf chronologisch geordnetes Faktenwissen beschränken. Gibt es überhaupt Fakten? Die realistische Sichtweise würde das bejahen, sieht sich aber mit dem Problem konfrontiert, dass das Faktenwissen umfangreich, der Geschichtsunterricht aber zeitlich begrenzt ist. Die Geschichtswissenschaft erarbeitet immer mehr Wissen über Vergangenes. Was soll davon für den Unterricht ausgewählt werden? Gleichzeitig steht über die digitalen Medien Wissen zur Verfügung, das wissenschaftlichen Standards oft nicht entspricht. Zum Teil sollen die Nutzer*innen mit „fake news" bewusst getäuscht werden. Die Befürworter*innen der Kompetenzorientierung haken hier ein. Sie argumentieren, der kritische Umgang mit Wissen sei mindestens ebenso wichtig wie das Wissen selbst. Und ist Wissen, geschichtswissenschaftliche Forschungsergebnisse eingeschlossen, nicht immer eine standortgebundene Konstruktion von Wirklichkeit? Für klassenbewusste Arbeiter*innen war es damals selbstverständlich, dass das in den staatlichen Schulen und Universitäten vermittelte Wissen zu Gehorsam gegenüber der Obrigkeit erziehen sollte. Wissenschaft, die diesen Vorwurf ernst nimmt, muss sich fragen lassen, ob sie objektiv sein kann. Der Begriff „Wissenschaft" sagt ja selbst, dass Wissen geschaffen wird und man es nicht irgendwo vorfindet. Was Schule angeht, zeigen empirische Untersuchungen, dass kompetenzorientierter Geschichtsunterricht erfreulich viel Wissen über die Vergangenheit vermittelt. Schüler*innen fällt es aber schwer, dieses Wissen mit aktuellen Fragen zu verbinden und in eigenständige Werturteile einzubinden. Wissen macht nicht automatisch mündig.　　　[JvN]

Ansichtssache

Wie Wissen in die Köpfe von Menschen gelangt, ist bis heute eine der großen Fragen. Georg Philipp Harsdörffers 1647 in Nürnberg erschienenes Lehrbuch führte eine schlichte Vorstellung schon im Titel: Poetischer Trichter. Einsicht (prudentia) und Verstand (sapientia) lassen sich, in Flaschen abgefüllt, ganz einfach und praktisch eingießen. Welch Freude für den hageren Magister. Dem schon erheblich gealterten Schüler aber droht der Kopf gleich zu platzen. Und die Nase gleicht auch eher der eines Säufers. Die Postkartensatire lässt einen erfrischt lachen. Lachen, weil wir es besser wissen? [LD]

↓
Zum Weiterlesen
Fakten,
Fiktion,
Geschichtsunterricht,
Kompetenzen,
Medien

Abb. 62 | Unbekannte*r Künstler*in, Nürnberger Trichter (Postkarte), 1904.

Zeit

Sie ist unentbehrlich. Menschen brauchen Uhrzeit und Terminkalender, um ihren Tagesablauf zu regeln, besonders wenn sie zusammenarbeiten wollen. Dabei hilft die chronologische Zeit, die Stunden, Tage und Jahre regelmäßig aufeinanderfolgen lässt. Daneben gibt es die Zeit der Entscheidung. Sie verbindet Gegenwart, Zukunft und Vergangenheit. Wenn wir aktuell ein Problem haben, müssen wir entscheiden, was wir tun, um es zu lösen. Wir denken an eine Zukunft, in der wir das Problem bewältigt haben werden. Gleichzeitig ist aber auch die Vergangenheit gefragt, denn wir erinnern uns daran, wie wir bisher vergleichbare Schwierigkeiten überwunden haben. Wenn unsere Situation ausweglos erscheint, sind wir auf die Erfahrungen angewiesen, die wir bisher gemacht haben. Im Gegensatz zur chronologischen Zeit ist die Entscheidungszeit nicht regelmäßig und festgelegt. Was jetzt Gegenwart ist, wird morgen Vergangenheit sein, ebenso wie die Zukunft sich in Gegenwart verwandelt. Wie weit wir in die Zukunft voraus- und in die Vergangenheit zurückblicken, ist von Person zu Person verschieden. Es hängt auch von den Problemen ab, die gerade anstehen. Man ist sich nicht einig in der Frage, ob sich Menschen die Zeit selbst ausgedacht haben oder ob sie unabhängig von ihnen da ist. Die griechische Mythologie war überzeugt, dass der Gott Chronos die chronologische Zeit und der Gott Kairos die Zeit der Entscheidung verkörpert. Das Christentum legt alle Zeit in die Hand Gottes. Der Marxismus sieht ihren Ursprung in den Bewegungen der Materie, während der Philosoph Immanuel Kant sie als etwas definiert, das dem Menschen angeboren ist. In allen diesen Beispielen ist die Zeit schon immer da. Im Gegensatz dazu sind konstruktivistische Ansätze der Ansicht, dass Menschen ihre Art und Weise, Zeit zu messen und mit Gegenwart, Vergangenheit und Zukunft umzugehen, erfunden haben. Geschichtsschreibung und -didaktik beschäftigen sich im Unterschied zu anderen Wissenschaften damit, was sich verändert und was bleibt. Auch für sie ist Zeit deshalb unentbehrlich. [JvN]

Ansichtssache

Zwei Figuren in einem Duell! Die mit der Sanduhr könnte darauf hinweisen, dass die Zeit verrinnt. Dies mag der anderen nicht gefallen, weshalb sie drohend mit Messer und geflügelten Füßen bereitsteht. Sie wartet auf einen Zeitpunkt zum Handeln. Der Schatten einer dritten Figur ist noch erkennbar. Ein stiller Beobachter? Will er eingreifen oder abwarten? Die Zeit ist nie endend, genauso wie der Wille, sie aufzuhalten oder zu beeinflussen. Wollen wir nicht manchmal die Zeit zurückdrehen oder anhalten, im Jetzt leben und die Zukunft aufhalten? [TM]

Zum Weiterlesen
Chronologie,
Entscheidungszeit,
Epistemologie,
Konstruktivismus,
Zukunft

Abb. 63 | Johanna van Norden, Chronos und Kairos, 2014.

A
C
E
F
G
H
I
K
L
M
N
O
P
Q
R
S
T
U
V
W
Z

Zeitzeug*innen

Zeitzeug*innen sind Medien wie Texte und Bilder, die über historische Informationen verfügen. Je nach Orientierungsbedürfnis werden sie zu Quellen für ein vergangenes Ereignis. Der Glaube an Wahrhaftigkeit ihres Berichts wird durch die emotionale Nähe gestärkt und verleiht ihnen eine Aura des Authentischen. Was sie erzählen, ist allerdings eine ständige Neudeutung ihrer – schon damals perspektivischen – Wahrnehmung der Ereignisse unter dem Einfluss aktueller Normen und Werte, gefolgt von dem Versuch, sich moralisch zu positionieren. Welchen Wert haben sie dann als Quelle? Geschichtswissenschaft nutzt dabei im Wesentlichen zwei Methoden: In der einen sollen die Zeitzeug*innen durch ausgewählte Fragen bewusst gelenkt werden, um einen bestimmten Sachverhalt zu klären. Hierbei kommt man schnell an gewünschte Informationen, dennoch entscheiden trotz aller Lenkung die Befragten, welche Erinnerung sie preisgeben und welche sie verschweigen. In der anderen werden die Zeitzeug*innen gedanklich in eine bestimmte – für sie bedeutsame – Situation der Vergangenheit versetzt und man lässt sie so ungestört wie möglich alles erzählen, was ihnen dazu einfällt. Es besteht hier stärker als beim leitfadengestützten Interview die Möglichkeit, dass dabei schmerzliche Emotionen oder Traumata wach werden. Das Erzählenlassen ist eine Kernmethode der Oral History, die den Fokus auf das Erfassen des subjektiven Erlebens legt. Die Zeugnisse werden häufig in Form von Ton-, Video- oder Textdokumenten festgehalten und damit für die Nachwelt konserviert. Ungefilterte Berichte lassen im Gegensatz zu reinen Frage-Antwort-Interviews auch später noch neue Fragen zu. Seit ein paar Jahren gibt es intensive Versuche, neue Medien zum Aufbau von Erinnerungsspeichern zu nutzen. Hologramme sollen Schüler*innen auch nach dem Ableben der Zeitzeug*innen Informationen zu ihren Erinnerungen liefern und computergeneriert Fragen beantworten können. Ein Programm wählt dabei Informationen aus dem Erinnerungsspeicher für die Beantwortung der Frage aus. [TM]

Ansichtssache

Das ist Eva Schloss, die damit leben muss, immer zuerst als Stiefschwester Anne Franks vorgestellt zu werden. Sie ist selbst Überlebende der Shoah. Welche Rolle spielt beides? Nun, hier ist das die Rolle, die sie spielen muss. Denn sie wird gerade zum Hologramm programmiert, um auch über ihren Tod hinaus die Schrecken der Shoah zu bezeugen. Wird sie dadurch zum Objekt einer Erzählung, die vor allem die Erzählung der Aufnehmenden ist, gefilmt von 116 Kameras? Wer ist Eva Schloss? Und wohin führen diese Kabel? „Das ist nicht Eva Schloss", möchte man mit Magritte rufen. Zurück hallt etwas, das wie das eigene Echo klingt. [LD]

↓
Zum Weiterlesen
Alterität,
Erinnerung,
Medien historischen
Lernens,
Perspektivität

Abb. 64 | Davina Pardo, 116 Cameras, 2017.

Zukunft

Die Zukunft – so könnte man meinen – hat nichts mit Geschichte zu tun und nichts mit historischem Lernen, das doch auf Kenntnis der Vergangenheit aus ist. Der Eindruck ist vorschnell und manche meinen, dass Geschichte nur der Zukunft wegen betrieben wird. Wofür sonst sollte all dieses Wissen über Vergangenheit von Nutzen sein? Lange Zeit galt ein „historia magistra vitae" – die Geschichte ist Lehrmeisterin des Lebens – als gängige Antwort auf diese Frage. Die Gegenwart wurde als bloße Fortsetzung der Vergangenheit angesehen. Um 1800 veränderte sich die Richtung. Im Zusammenhang von Aufklärung und modernem Kapitalismus gewann die Zukunft an lebensorientierender Bedeutung, während die Vergangenheit zunehmend verlor. Sie verblasste angesichts einer Zukunft, von der man sich viel Gutes erhoffte. Geschichte hatte unter diesen veränderten Bedingungen nicht mehr die Funktion, die Gegenwart zu begründen. Gerade die Erfahrung einer von der Gegenwart verschiedenen Vergangenheit legte es nahe, dass die Zukunft anders sein würde als die Gegenwart. Deshalb müsse es darum gehen, sie aktiv zu gestalten. Die Erforschung vergangener Zukunft (Koselleck) ist in den letzten Jahren zu einem interessanten Forschungsfeld geworden. Dabei wurde deutlich, dass die Zukunft erst in der Moderne größere Bedeutung erlangt hat und dass sich diese Bedeutung immer wieder verändert. Gegenwärtig scheint das Zutrauen in eine verheißungsvolle Zukunft beachtlich gelitten zu haben. Weicht es einem gelähmten Präsentismus (Hartog) oder einer Flucht ins Nostalgische? Aber selbst der Weltuntergang wäre ja eine Zukunft, von der etwas erwartet wird. Geschichtsdidaktisch ist die Zukunft die vielleicht entscheidende Kategorie, um Unterrichtsthemen zu begründen, jedenfalls dann, wenn man den Zweck von Unterricht als Vorbereitung auf eine Zukunft versteht, als den Erwerb von Fähigkeiten, Zukunft gestalten zu können. Wer sich mit Vergangenheit beschäftigt, lernt, über den Tag hinaus zu denken. Und das könnte in naher Zukunft noch von existenzieller Bedeutung werden. [LD]

Ansichtssache

Was bringt die Zukunft? Die beiden Personen auf dem Bild haben wohl Großes mit der Welt und vielleicht auch dem Universum vor. Das zumindest legen die vielen technischen Apparaturen nahe, die anscheinend die Erde wie in einem Fadenkreuz ins Visier nehmen. Wissenschaftlich-technischer Fortschritt könnte hier als wesentlich treibende Kraft für die Entwicklungen der Menschheit gesehen werden. Sie könnte Lösungen für gegenwärtige Probleme liefern oder die Welt besser machen. Doch woher kommt die Vorstellung oder sogar der Optimismus, dass das unsere Zukunft sei? [TM]

↓
Zum Weiterlesen
Alterität,
Anthropozän,
Historizität,
Zeit

Abb. 65 | Fritz Eisel, Der Mensch bezwingt den Kosmos, 1971.

Literaturverzeichnis

Alterität

Bergmann, Klaus: Die Anderen, in: Geschichte lernen, Heft 3/1988, S. 5–9.

Buchsteiner, Martin/Lorenz, Tobias/Must, Thomas: Unterschätzte Prinzipien im Geschichtsunterricht: Personalisierung/Personifizierung und Alterität/Fremdverstehen, Greifswald
2017.

Schörken, Rolf: Geschichtsunterricht in einer kleiner werdenden Welt, in: Süssmuth, Hans
(Hrsg.): Geschichtsdidaktische Positionen. Bestandsaufnahme und Neuorientierung, Paderborn 1980, S. 315–335.

Thies, Christoph: Einführung in die philosophische Anthropologie, Darmstadt 2004 [insb.
Kapitel 2.1].

Analyse

Jeismann, Karl-Ernst: Funktion und Didaktik der Geschichte. Begründungen und Beispie-
le eines Lehrplans für den Geschichtsunterricht, in: Ders./Rohlfes, Joachim (Hrsg.): Geschichtsunterricht. Inhalte und Ziele, Stuttgart 1974, S. 106–150.

Ministerium für Schul- und Weiterbildung: Kernlehrplan für die Sekundarstufe II
Gymnasium/Gesamtschule in Nordrhein-Westfalen. Geschichte, Düsseldorf 2014.

Norden, Jörg van: Geschichte ist Bewusstsein. Historie einer geschichtsdidaktischen Fundamentalkategorie, Frankfurt a. M. 2018.

Anthropologie

Antweiler, Christoph: Mensch und Weltkultur. Für einen realistischen Kosmopolitismus im
Zeitalter der Globalisierung, Bielefeld 2011.

Süssmuth, Hans (Hrsg.): Historische Anthropologie. Der Mensch in der Gesellschaft, Göttingen 1984.

Welskopp, Thomas: Die Dualität von Struktur und Handeln. Anthony Gidden's Strukturie-
rungstheorie als „praxeologischer" Ansatz in der Geschichtswissenschaft, in: Geschichte
und Gesellschaft, Heft 19/2001, S. 99–119.

Anthropozän

Chakrabarty, Dipesh: Anthropocene Time, in: History and Theory, Heft 57.1/2018, S. 5–32.

Dürbeck, Gabriele: Narrative des Anthropozän – Systematisierung eines interdisziplinären
Diskurses, in: Kulturwissenschaftliche Zeitschrift, Heft 3.1/2018, S. 1–20.

Ehlers, Eckhart: Das Anthropozän. Die Erde im Zeitalter des Menschen, Darmstadt 2008.

Hoiß, Christian: Deutschunterricht im Anthropozän. Didaktische Konzepte einer Bildung für
nachhaltige Entwicklung, Dissertation LMU München 2019 (https://edoc.ub.uni-muen-
chen.de/24608/, Zugriff 27.11.2019).

Hübner, Andreas/Roscher, Mieke: Pandadiplomatie im Klassenraum. Mensch-Tier-Bezie-
hungen als geschichtsdidaktische Aufgabe, in: Zeitschrift für Geschichtsdidaktik, Heft
18/2019, S. 112–128.

Außerschulische Lernorte

http://lernen-aus-der-geschichte.de/Lernen-und-Lehren/Filter/ausserschulische-Lernor-
te/259, Zugriff 30.10.2019.

Pleitner, Berit: Außerschulische historische Lernorte, in: Barricelli, Michele/Lücke, Martin (Hrsg.): Handbuch Praxis des Geschichtsunterrichts, Band 2, Schwalbach/Ts. 2012, S. 290–307.

Schreiber, Waltraud: Geschichte lernen an historischen Stätten: die historische Exkursion, in: Dies. (Hrsg.): Erste Begegnungen mit Geschichte. Grundlagen historischen Lernens, Band 1 (Bayerische Studien zur Geschichtsdidaktik 1), 2., erweiterte Auflage, Neuried 2004, S. 629–646 [und weitere Beiträge im selben Werk].

Auswahlproblematik

Bergmann Klaus: Auswahl und geschichtsdidaktische Analyse – Lernmögliches und Lernwürdiges, in: Ders. (Hrsg.): Geschichtsdidaktik. Beiträge zu einer Theorie historischen Lernens. Klaus Bergmann zum 60. Geburtstag, Schwalbach/Ts. 1998, S. 132–136.

Fina, Kurt: Geschichtsdidaktik und Auswahlproblematik. Vom Sinn des Exemplarischen im Geschichtsunterricht, München 1969.

Peters, Jelko: Geschichtsstunden planen (Historica et Didactica. Praxis 1), St. Ingbert 2014.

Chronologie

Hamann, Christoph: Die „staubige Straße der Chronologie". Ein Plädoyer für eine stärkere Subjekt- und Kompetenzorientierung des historischen Lernens, in: Hüttmann, Jens/van Arnim-Rosenthal, Anna (Hrsg.): Demokratie und Diktatur im Unterricht: der Fall DDR, Berlin 2017, S. 75–87.

Sauer, Michael: Die Zeitleiste, in: Pandel, Hans-Jürgen/Schneider, Gerhard (Hrsg.): Handbuch Medien im Geschichtsunterricht, 3. Auflage, Schwalbach/Ts. 2005, S. 197–208.

Trapp, Wolfgang/Wallerus, Heinz: Handbuch der Maße, Zahlen, Gewichte und der Zeitrechnung, 5. Auflage, Stuttgart 2006.

Turk, Margareta: Zeitleiste und Geschichtsfries, in: Waltraud Schreiber (Hrsg.): Erste Begegnungen mit Geschichte. Grundlagen historischen Lernens, Band 1 (Bayerische Studien zur Geschichtsdidaktik 1), 2., erweiterte Auflage, Neuried 2004, S. 647–663.

Class

Fukuyama, Francis: Das Ende der Geschichte: Wo stehen wir? München 1992.

Lücke, Martin: Diversität und Intersektionalität als Konzepte der Geschichtsdidaktik, in: Barricelli, Michele/Lücke, Martin (Hrsg.): Handbuch Praxis des Geschichtsunterrichts, Band 1, Schwalbach/Ts. 2012, S. 136–146.

Marx, Karl/Engels, Friedrich: Das kommunistische Manifest. Mit einem Editionsbericht von Thomas Kuczynski, Trier 1995.

Scherr, Albert: Kategorie Klasse, in: Barsch, Sebastian u. a. (Hrsg.), Handbuch Diversität im Geschichtsunterricht. Inklusive Geschichtsdidaktik, Frankfurt a. M. 2020, S. 117–134.

Schelsky, Helmut: Die Arbeit tun die anderen. Klassenkampf und Priesterherrschaft der Intellektuellen, Opladen 1975.

Emanzipation

Bergmann, Klaus: Emanzipation, in: Ders. u. a. (Hrsg.): Handbuch der Geschichtsdidaktik, 5., überarbeitete Auflage, Seelze-Velber 1997, S. 268–271.

Grass, Karl Martin/Koselleck, Reinhart: Emanzipation, in: Brunner, Otto/Conze, Werner/ Koselleck, Reinhart (Hrsg.): Geschichtliche Grundbegriffe. Historisches Lexikon zur politisch-sozialen Sprache in Deutschland, Band 2, Stuttgart 1975, S. 153–198.

Kuhn, Annette: Einführung in die Didaktik der Geschichte, München 1980.

Empirie

Angvik, Magne/Borries, Bodo von (Hrsg.): Youth and History. A Comparative European Survey on Historical Consciousness and Political Attitudes among Adolescents (Volume A: Description, Volume B: Documentation) (Edition Körber-Stiftung), Hamburg 1997.

Günther-Arndt, Hilke/Sauer, Michael (Hrsg.): Geschichtsdidaktik empirisch. Untersuchungen zum historischen Denken und Lernen (Zeitgeschichte – Zeitverständnis 14), Berlin/ Münster 2006.

Hasberg, Wolfgang: Empirische Forschung in der Geschichtsdidaktik. Nutzen und Nachteil für den Geschichtsunterricht (2 Bände) (Bayerische Studien zur Geschichtsdidaktik 3), Neuried 2001.

Köster, Manuel/Thünemann, Holger/Zülsdorf-Kersting, Meik (Hrsg.): Researching History Education. International Perspectives and Disciplinary Traditions (Geschichtsunterricht erforschen 4), 2nd, completely revised and updated edition, Frankfurt a. M. 2019.

Thünemann, Holger/Zülsdorf-Kersting, Meik (Hrsg.): Methoden geschichtsdidaktischer Unterrichtsforschung (Geschichtsunterricht erforschen 5), Schwalbach/Ts. 2016.

Entscheidungszeit

Bergmann, Klaus/Pandel, Hans-Jürgen: Geschichte und Zukunft. Didaktische Reflexionen über veröffentlichtes Geschichtsbewusstsein, Frankfurt a. M. 1975.

Koselleck, Reinhard: Zeitschichten. Studien zur Historik, Frankfurt a. M. 2003.

Schönrich, Gerhard: Vom Bewohnen der Gegenwart, in: Schmechtig, Pedro/Schörich, Gerhard (Hrsg.): Persistenz – Indexikalität – Zeiterfahrung, Frankfurt a. M./Paris/Lancaster/ New Brunswick 2011, S. 241–281.

Epistemologie

Gerber, Doris: Analytische Metaphysik der Geschichte. Handlungen, Geschichten und ihre Erklärung, Berlin 2012.

Kon, Igor Semenovic: Die Geschichtsphilosophie des 20. Jahrhunderts. Kritischer Abriß, Berlin 1964.

Rüsen, Jörn: Historik. Theorie der Geschichtswissenschaft, Köln/Weimar/Wien 2013.

Schulz, Walter: Philosophie in der veränderten Welt, Pfullingen 1972.

Erinnerung

Assmann, Aleida: Das neue Unbehagen an der Erinnerungskultur. Eine Intervention, München 2013.

Baddeley, Alan David/Eysenck, Michael William/Anderson, Michael C. (Hrsg.): Memory, New York 2009.

Heuss, Alfred: Verlust der Geschichte. Göttingen 1959.

Koselleck, Reinhard: Gibt es ein kollektives Gedächtnis? in: Divinatio, Heft 19/2004, S. 23–28.

Eurozentrismus

Conrad, Sebastian: Die Weltbilder der Historiker: Wege aus dem Eurozentrismus, in: Aus Politik und Zeitgeschichte, Heft 41–42/2015, S. 16–22.

Nieuwenhuyse, Karel van: Using Multiperspectivity to break through Eurocentrism, in: Public History Weekly, Heft 5/2017, S. 9.

Schissler, Hanna: Der eurozentrische Blick auf die Welt. Außereuropäische Geschichten und Regionen in deutschen Schulbüchern und Curricula. Gutachten des Georg-Eckert-Instituts für internationale Schulbuchforschung für das Bundespräsidialamt, in: Internationale Schulbuchforschung (Zeitschrift des Georg-Eckert-Instituts für internationale Schulbuchforschung), Heft 25.1–2/2003, S. 155–166.

Fakten

Mulligan, Kevin/Correia, Fabrice: Facts, in: Zalta, Edward N. (Hrsg.): The Stanford Encyclopedia of Philosophy. (https://plato.stanford.edu/archives/win2017/entries/facts/, Zugriff 30.10.2019).

Rüsen, Jörn: Faktizität und Fiktionalität der Geschichte – Was ist Wirklichkeit im historischen Denken, in: Schröter, Jens/Eddelbüttel, Antje (Hrsg.): Konstruktion von Wirklichkeit. Beiträge aus geschichtstheoretischer, philosophischer und theologischer Perspektive (Theologische Bibliothek Töpelmann 127), Berlin/New York 2004, S. 19–32.

Zeitschrift für Geschichtsdidaktik, Heft 17/2018 (Fakten und Fiktionen).

Fiktion

White, Hayden: Auch Klio dichtet oder Die Fiktion des Faktischen. Studien zur Tropologie des historischen Denkens (Sprache und Geschichte 10), Stuttgart 1986.

Rüsen, Jörn: Historik. Theorie der Geschichtswissenschaft, Köln 2013 [insb. Kapitel VI].

Schröter, Jens/Eddelbüttel, Antje (Hrsg.): Konstruktion von Wirklichkeit. Beiträge aus geschichtstheoretischer, philosophischer und theologischer Perspektive (Theologische Bibliothek Töpelmann 127), Berlin/New York 2004.

Zeitschrift für Geschichtsdidaktik, Heft 17/2018 (Fakten und Fiktionen).

Gegenwartsbezug

Bergmann, Klaus: Gegenwarts- und Zukunftsbezogenheit, in: Ders. u. a. (Hrsg.): Handbuch der Geschichtsdidaktik, 5., überarbeitete Auflage, Seelze-Velber 1997, S. 267–268.

Bergmann, Klaus: Der Gegenwartsbezug im Geschichtsunterricht, Schwalbach/Ts. 2002.

Rüsen, Jörn: Zeit und Sinn. Strategien historischen Denkens, Frankfurt a. M. 1990.

Geschichte

Koselleck, Reinhart: Das 18. Jahrhundert als Beginn der Neuzeit, in: Ders./Herzog, Reinhard (Hrsg.): Epochenschwelle und Epochenbewußtsein (Politik und Hermeneutik 12), München 1987, S. 269–283.

Norden, Jörg van: Geschichte ist Narration, in: Zeitschrift für Didaktik der Gesellschaftswissenschaften, Heft 2/2013, S. 20–35.

Meinecke, Friedrich: Zur Geschichte der Geschichtsschreibung, herausgegeben von Eberhard Kessel (Friedrich Meinecke Werke 7), München 1968.

Geschichtsbewusstsein

Norden, Jörg van: Geschichte ist Bewusstsein. Historie einer geschichtsdidaktischen Fundamentalkategorie, Frankfurt a. M. 2018 (Forum historisches Lernen).

Jeismann, Karl-Ernst: „Geschichtsbewußtsein" als zentrale Kategorie des Geschichtsunterrichts, in: Niemetz, Gerold (Hrsg.): Aktuelle Probleme der Geschichtsdidaktik, Stuttgart 1990, S. 44–78.

Barricelli, Michele: Vielfältiges Erinnern und kreatives Vergessen. Geschichte, Geschichtsbewusstsein und historisches Lernen in gebrochenen Zeiten, in: Ders./Becker, Axel/Heu-
er, Christian (Hrsg.): Jede Gegenwart hat ihre Gründe. Geschichtsbewusstsein, historische
Lebenswelt und Zukunftserwartung im frühen 21. Jahrhundert. Hans-Jürgen Pandel zum
70. Geburtstag (Forum historisches Lernen), Schwalbach/Ts. 2011, S. 15–42.

Geschichtsbild

Collingwood, Robin George: The Idea of History, 7. Auflage, Oxford 1966.

Sauer, Michael: Bilder im Geschichtsunterricht. Typen, Interpretationsmethoden, Unter-
richtsverfahren, Seelze 2000.

Schönemann, Bernd: Visualität als Lernfalle? Vom Nutzen und Nachteil der Bilder beim Aufbau von Geschichtsbewusstsein, in: Demantowsky, Marko/Handro, Saskia/Zülsdorf-Kers-
ting, Meik (Hrsg.): Bernd Schönemann. Bausteine einer Geschichtsdidaktik, Schwalbach/
Ts. 2014, S. 155–167.

Geschichtsdidaktik

Deile, Lars: Didaktik der Geschichte, in: Docupedia-Zeitgeschichte, 2014 (http://dx.doi.
org/10.14765/zzf.dok.2.232.v1).

Rohlfes, Joachim: Geschichte und ihre Didaktik, Göttingen 2005.

Schönemann, Bernd: Geschichtsdidaktik, Geschichtskultur, Geschichtswissenschaft, in:
Hilke Günther-Arndt (Hrsg.): Geschichts-Didaktik. Praxishandbuch für die Sekundarstufe
I und II, Berlin 2014, 11–23.

Geschichtskultur

Jörn Rüsen: Geschichtskultur, in: Bergmann, Klaus u. a. (Hrsg.): Handbuch der Geschichtsdidaktik, 5., überarbeitete Auflage, Seelze-Velber 1997, S. 38–41.

Bernd Schönemann: Geschichtsdidaktik, Geschichtskultur, Geschichtswissenschaft, in:
Günther-Arndt, Hilke/Zülsdorf-Kersting, Meik (Hrsg.): Geschichts-Didaktik. Praxishandbuch für die Sekundarstufe I und II, Berlin 2014, S. 11–23.

Reeken, Dietmar von: Geschichtskultur im Geschichtsunterricht. Begründungen und Perspektiven, in: Geschichte in Wissenschaft und Unterricht, Heft 4/2004, S. 233–240.

Geschichtspolitik

Bock, Petra/Wolfrum, Edgar (Hrsg.): Umkämpfte Vergangenheit. Göttingen 1999.

Koselleck, Reinhart: Gebrochene Erinnerung. Deutsche und polnische Vergangenheit, in: Jahrbuch der Deutschen Akademie für Sprache und Dichtung 2000, Göttingen 2001, S. 19–32.

Schmid, Harald: Konstruktion, Bedeutung, Macht. Zum kulturwissenschaftlichen Profil einer Analyse von Geschichtspolitik, in: Heinrich, Horst-Alfred und Kohlstruck, Michael
(Hrsg.): Geschichtspolitik und sozialwissenschaftliche Theorie, Stuttgart 2008, S. 75–98.

Troebst, Stefan: Geschichtspolitik, in: Docupedia-Zeitgeschichte, 2014. (http://docupedia,de/
zg/troebst_geschichtspolitik_v1_de_2014, Zugriff: 15.04.2020).

Geschichtsunterricht

Bracke, Sebastian u. a.: Theorie des Geschichtsunterrichts (Geschichtsunterricht erforschen 9),
Frankfurt a. M. 2018.

Filser, Karl (Hrsg.): Theorie und Praxis des Geschichtsunterrichts (Texte zur Fachdidaktik),
Bad Heilbrunn 1974.

Rohlfes, Joachim: Geschichte und ihre Didaktik, 3., erweiterte Auflage, Göttingen 2005.

Geschlecht*er

Bennewitz, Nadja/Burkhardt, Hannes (Hrsg.): Gender in Geschichtsdidaktik und Geschichtsunterricht. Neue Beiträge zu Theorie und Praxis, Berlin 2016 [insbesondere: Nadja Bennewitz, S. 9–54].

Dehne, Brigitte: Gender im Geschichtsunterricht. Das Ende des Zyklopen?, Schwalbach/Ts. 2007.

Kortendiek, Beate/Riegraf, Birgit/Sabisch, Katja (Hrsg.): Handbuch Interdisziplinäre Geschlechterforschung, Wiesbaden 2019. [insbesondere: Paula-Irene Villa, S. 23–33]

Lücke, Martin: Didaktik der Geschichte – Geschlechterkonstruktionen historisch erzählen, in: Marita Kampshoff/Claudia Wiepcke (Hrsg.): Handbuch Geschlechterforschung und Fachdidaktik, Wiesbaden 2012, S. 185–197.

Lücke, Martin: Gender – Geschichte lernen in einer männlichen Disziplin, in: Barsch, Sebastian u. a. (Hrsg.): Handbuch Diversität im Geschichtsunterricht. Inklusive Geschichtsdidaktik, Frankfurt a. M. 2020, S. 159–167.

Scott, Joan W.: Gender: A Useful Category of Historical Analysis, in: American Historical Review, Heft 91/1986, S. 1053–1075.

Gesellschaftslehre

Bergmann, Klaus: Gesellschaftslehre – aus der Sicht des Geschichtsunterrichts, in: Forum politische Bildung, Heft 2/1988, S. 12–20 (ND in: Bergmann, Klaus: Geschichtsdidaktik. Beiträge zu einer Theorie historischen Lernens [Forum Historisches Lernen], 3. Auflage, Schwalbach/Ts. 1998, S. 203–211).

Schreiber, Waltraud: Schulreform in Hessen zwischen 1967 und 1982. Die curriculare Reform der Sekundarstufe I. Schwerpunkt: Geschichte in der Gesellschaftslehre (Bayerische Studien zur Geschichtsdidaktik 10), Neuried 2005.

Zeitschrift für Didaktik der Gesellschaftswissenschaften, Heft 1/2014 (Schwerpunktthema Fächerintegration).

Zeitschrift für Didaktik der Gesellschaftswissenschaften, Heft 1/2019 (Schwerpunktthema Integrationsmodelle).

Globalität

Conrad, Sebastian: What is global history? Princeton 2016.

Conrad, Sebastian/Randeria, Shalini/Römhild, Regina (Hrsg.): Jenseits des Eurozentrismus: postkoloniale Perspektiven in den Geschichts- und Kulturwissenschaften, 2., erweiterte Auflage. Frankfurt a. M./New York 2013.

Grewe, Bernd-Stefan: Entgrenzte Räume und die Verortung des Globalen. Probleme und Potenziale für das historische Lernen, in: Sauer, Michael u. a. (Hrsg.): Geschichte im interdisziplinären Diskurs: Grenzziehungen – Grenzüberschreitungen – Grenzverschiebungen (Beihefte zur Zeitschrift für Geschichtsdidaktik 12), Göttingen 2016, S. 297–320.

Popp, Susanne: Antworten auf neue Herausforderungen Welt- und globalgeschichtliche Perspektivierung des historischen Lernens, in: Geschichte in Wissenschaft und Unterricht, Heft 56.9/2005, S. 491–507.

Hermeneutik

Gadamer, Hans Georg: Wahrheit und Methode. Grundzüge einer philosophischen Hermeneutik, 2. Auflage, Tübingen 1965.

Norden, Jörg van: Authenticity is Fiction? Relicts, Narration and Hermeneutics, in: Exarc Journal Digest 2012, S. 12–15.

Historisch-politische Bildung

Hedtke, Reinhold: Historisch-politische Bildung – ein Exempel für das überholte Selbstverständnis der Fachdidaktiken, in: Politisches Lernen, Heft 21/2003, S. 112–122.

Lange, Dirk: Historisch-politische Didaktik. Zur Begründung historisch-politischen Lernens, Schwalbach/Ts. 2009.

Lücke, Martin/Barricelli, Michele: Historisch-politische Bildung, in: Hafeneger, Benno (Hrsg.): Handbuch Außerschulische Jugendbildung. Grundlagen – Handlungsfelder – Akteure, Schwalbach/Ts. 2011, S. 325–343.

Historisches Lernen

Meyer-Hamme, Johannes: Was heißt historisches Lernen? Eine Begriffsbestimmung im Spannungsfeld gesellschaftlicher Anforderungen, subjektiver Bedeutungszuschreibungen und Kompetenzen historischen Denkens, in: Sandkühler, Thomas u.a. (Hrsg.): Geschichtsunterricht im 21. Jahrhundert. Göttingen 2018, S. 75–92.

Noack, Christian: Stufen der Ich-Entwicklung und Geschichtsbewusstsein, in: Borries, Bodo von/Pandel, Hans-Jürgen (Hrsg.): Zur Genese historischer Denkformen. Qualitative und quantitative empirische Zugänge (Jahrbuch für Geschichtsdidaktik 4), Pfaffenweiler 1994, S. 9–46.

Norden, Jörg van/Schürenberg, Wanda (Hrsg.): Lernprogression narrativer Kompetenz im Geschichtsunterricht. Ein Vergleich von Waldorf- und Regelschule, Frankfurt a.M. 2019.

Historizität

Pandel, Hans-Jürgen: Geschichtlichkeit und Gesellschaftlichkeit im Geschichtsbewußtsein. Zusammenfassendes Resümee empirischer Untersuchungen, in: Borries, Bodo von/Pandel, Hans-Jürgen/Rüsen, Jörn (Hrsg.): Geschichtsbewußtsein empirisch (Geschichtsdidaktik. Studien, Materialien. Neue Folge 7), Pfaffenweiler 1991, S. 1–23.

Rudolph, Enno/Stöve, Eckehart (Hrsg.): Geschichtsbewußtsein und Rationalität. Zum Problem der Geschichtlichkeit in der Theoriebildung (Forschungen und Berichte der Evangelischen Studiengemeinschaft 37), Stuttgart 1982.

Norden, Jörg van: Geschichte ist Bewusstsein. Historie einer geschichtsdidaktischen Fundamentalkategorie, Frankfurt a.M. 2018.

Holocaust-Education

Adorno, Theodor W.: Erziehung nach Auschwitz, in: Adorno, Theodor W./Becker, Hellmut: Erziehung zur Mündigkeit. Vorträge und Gespräche mit Hellmut Becker 1959–1969, Frankfurt a.M. 1970, S. 92–109.

Friedländer, Saul: Eine integrierte Geschichte des Holocaust, in: Aus Politik und Zeitgeschichte, Heft 14-15/2007, S. 7–14.

Knigge, Volkhard: Statt eines Nachworts: Abschied der Erinnerung. Anmerkungen zum notwendigen Wandel der Gedenkkultur in Deutschland, in: Frei, Norbert/Knigge, Volkhard (Hrsg.): Verbrechen erinnern. Die Auseinandersetzung mit Holocaust und Völkermord, München 2002, S. 223–440.

Lücke, Martin/Brüning, Christina: Nationalsozialismus und Holocaust als Themen historischen Lernens in der Sekundarstufe I. Produktive eigen-sinnige Aneignungen, in: Rathenow, Hanns-Fred/Wenzel, Birgit/Weber, Norbert H. (Hrsg.): Handbuch Nationalsozialismus und Holocaust. Historisch-politisches Lernen in Schule, außerschulischer Bildung und Lehrerbildung, Schwalbach/Ts. 2013, S. 149–165.

144

Plessow, Oliver: Länderübergreifende „Holocaust-Education" als Demokratie- und Menschenrechtsbildung? Transnationale Initiativen im Vergleich, in: Zeitschrift für Geschichtsdidaktik, Heft 11/2012, S. 11–30.

Identität

Abels, Heinz: Identität. Über die Entstehung des Gedankens, dass der Mensch ein Individuum ist, den nicht leicht zu verwirklichenden Anspruch auf Individualität und Kompetenzen, Identität in einer riskanten Moderne zu finden und zu wahren, 3., aktualisierte und erweiterte Auflage, Wiesbaden 2017.

Bergmann, Klaus: Identität, in: Bergmann, Klaus u. a. (Hrsg.): Handbuch der Geschichtsdidaktik, 5., überarbeitete Auflage, Seelze-Velber 1997, S. 23–28.

Meyer-Hamme, Johannes: Historische Identitäten in einer kulturell heterogenen Gesellschaft, in: Barricelli, Michele/Lücke, Martin (Hrsg.): Handbuch Praxis des Geschichtsunterrichts, Band 1, Schwalbach/Ts. 2012, S. 89–97.

Thies, Christoph: Einführung in die philosophische Anthropologie, Darmstadt 2004 [insb. Kapitel 2.2].

Zech, M. Michael: Geschichtsunterricht und Identitätsbildung im Spannungsfeld von Individualität, Kulturalität und Globalität, in: Research on Steiner Education, Heft 6/2015, S. 133–141.

Ideologiekritik

Bergmann, Klaus: Ideologiekritik, in: Mayer, Ulrich/Pandel, Hans-Jürgen/Schneider, Gerhard (Hrsg.): Handbuch Methoden im Geschichtsunterricht, 2., überarbeitete Auflage, Schwalbach/Ts. 2007, S. 137–151.

Marx, Karl/Engels, Friedrich: Die deutsche Ideologie: Kritik in der neuesten deutschen Philosophie in ihren Repräsentanten, Feuerbach, B. Bauer und Stirner, und des deutschen Sozialismus in seinen verschiedenen Propheten 1845–46, 1. Abteilung/Band 5 (Historischkritische Gesamtausgabe: Werke, Schriften, Briefe), Berlin 1932.

Salamun, Kurt (Hrsg.): Ideologie und Ideologiekritik: ideologietheoretische Reflexionen, Darmstadt 1992.

Imagination

Borries, Bodo von: Imaginierte Geschichte: die biografische Bedeutung historischer Fiktionen und Phantasien (Beiträge zur Geschichtskultur 11), Köln 1996.

Borries, Bodo von: Zwischen „Genuss" und „Ekel": Ästhetik und Emotionalität als konstitutive Momente historischen Lernens, mit Beiträgen von Johannes Meyer-Hamme (Reihe Geschichtsunterricht erforschen), Schwalbach/Ts. 2014.

Deile, Lars: Auf dem Weg zu einer Ästhetik historischen Lernens, in: Buchsteiner, Martin/Nitsche, Martin (Hrsg.): Historisches Erzählen und Lernen. Historische, theoretische, empirische und pragmatische Erkundungen, Wiesbaden 2016, S. 103–120.

Schörken, Rolf: Historische Imagination und Geschichtsdidaktik, Paderborn 1994.

Inklusion

Alavi, Bettina/Lücke, Martin: Geschichtsunterricht ohne Verlierer!? Inklusion als Herausforderung für die Geschichtsdidaktik, Schwalbach/Ts. 2016.

Barsch, Sebastian/Hasberg, Wolfgang (Hrsg.): Inklusiv – Exklusiv. Historisches Lernen für alle, Schwalbach/Ts. 2014.

Völkel, Bärbel: Inklusive Geschichtsdidaktik. Vom inneren Zeitbewusstsein zur dialogischen Geschichte, Schwalbach/Ts. 2017.

KGD/VGD

Schmuck, Tobias S.: 100 Jahre Geschichtslehrerverband: eine bildungspolitische Analyse 1913–2013, Schwalbach/Ts. 2014.

Schönemann, Bernd: Konferenz für Geschichtsdidaktik, in: Mayer, Ulrich u.a. (Hrsg.): Wörterbuch Geschichtsdidaktik, Schwalbach/Ts. 2006, S. 106f.

Volkmer-Tolksberg, Friederike: Zur Verbandsgeschichte der KGD 1970–1995, in: Sauer, Michael u.a. (Hrsg.): Geschichtslernen in biographischer Perspektive. Nachhaltigkeit – Entwicklung – Generationendifferenz, Göttingen 2014, S. 333–348.

Kompetenzen

Pandel, Hans-Jürgen: Geschichtsunterricht nach PISA. Kompetenzen, Bildungsstandards und Kerncurricula, Schwalbach/Ts. 2005.

Barricelli, Michele/Gautschi, Peter/Körber, Andreas: Historische Kompetenzen und Kompetenzmodelle, in: Barricelli, Michele/Lücke, Martin (Hrsg.): Handbuch Praxis des Geschichtsunterrichts, Band 1, Schwalbach/Ts. 2012, S. 207–235.

Trautwein, Ulrich u.a.: Kompetenzen historischen Denkens erfassen: Konzeption, Operationalisierung und Befunde des Projekts „Historical Thinking – Competencies in History" (HiTCH), Münster 2017.

Weinert, Franz E.: Vergleichende Leistungsmessung in Schulen – eine umstrittene Selbstverständlichkeit, in: Ders. (Hrsg.): Leistungsmessungen in Schulen, Weinheim/Basel 2001, S. 17–32.

Konstruktivismus

Berger, Peter L./Luckmann, Thomas: Die gesellschaftliche Konstruktion der Wirklichkeit. Eine Theorie der Wissenssoziologie, Frankfurt a.M. 1969.

Goertz, Hans-Jürgen: Unsichere Geschichte. Zur Theorie historischer Referentialität, Stuttgart 2001.

Norden, Jörg van: Was machst du für Geschichten? Didaktik eines narrativen Konstruktivismus, Freiburg 2011.

Rohlfes, Joachim: Konstruktivismus – Stärken und Schwächen einer Erkenntnis- und Lerntheorie, in: Geschichte in Wissenschaft und Unterricht, Heft 12/2009, S. 707–719.

Völkel, Bärbel: Wie kann man Geschichte lehren? Die Bedeutung des Konstruktivismus für die Geschichtsdidaktik, Schwalbach/Ts. 2002.

Kontingenz

Hoffmann, Arnd: Zufall und Kontingenz in der Geschichtstheorie: mit zwei Studien zu Theorie und Praxis der Sozialgeschichte, Frankfurt a.M. 2005.

Makropoulos, Michael: Kontingenz, in: Ralf Konersmann (Hrsg.): Handbuch Kulturphilosophie, Stuttgart/Weimar 2012, S. 340–346.

Walter, Uwe: Kontingenz und Geschichtswissenschaft – Aktuelle und künftige Felder der Forschung, in: Becker, Frank/Scheller, Benjamin/Schneider, Ute (Hrsg.): Die Ungewissheit des Zukünftigen: Kontingenz in der Geschichte, Frankfurt a.M. 2016, S. 95–118.

Kontrafaktische Geschichte

Demandt, Alexander: Ungeschehene Geschichte. Ein Traktat über die Frage: Was wäre geschehen, wenn …?, 2., verbesserte Auflage, Göttingen 1986.

Ferguson, Niall: Virtuelle Geschichtsschreibung. Unterwegs zu einer Chaostheorie der Vergangenheit, in: Ders. (Hrsg.), Virtuelle Geschichte. Historische Alternativen im 20. Jahrhundert, übersetzt von R. Niemann, Darmstadt 1999, S. 9–114.

Geschichte für heute, Heft 1/2014 (Geschichte anders denken und lernen).

Lebenswelt

Janssen, Paul/Mühlmann, Wilhelm E.: Lebenswelt, in: Ritter, Joachim/Gründer, Karlfried/Gabriel, Gottfried (Hrsg.): Historisches Wörterbuch der Philosophie online, Basel 2017. DOI 10.24894/HWPh.5236.

Sauer, Michael: Geschichte unterrichten. Eine Einführung in die Didaktik und Methodik, 6. Auflage, Stuttgart 2007.

Schreiber, Waltraud: Historisches Lernen und Lebenswelt, in: Weber, Barbara/Bäuml-Roßnagl, Maria-Anna (Hrsg.): Phänomenologische Dimensionen der Bildungsanthropologie. Interdisziplinäre Forschungsbeiträge im Fokus ethischer Verantwortlichkeit, Prof. Dr. Maria-Anna Bäuml-Roßnagl zum 60. Geburtstag, Regensburg 2005, S. 311–323.

Lehrplan

Baumgärtner, Ulrich: Wegweiser Geschichtsdidaktik. Historisches Lernen in der Schule (utb 4399), Paderborn 2015, S. 96–103.

Conrad, Franziska: Vom Lehrplan zum Schulcurriculum, in: Barricelli, Michele/Lücke, Martin (Hrsg.): Handbuch Praxis des Geschichtsunterrichts, Band 2, Schwalbach/Ts. 2012, S. 386–400, 436–443 (Literatur).

Pandel, Hans-Jürgen: Die Curriculumforschung ist tot – es lebe die Interessenpolitik, in: Zeitschrift für Geschichtsdidaktik, Heft 1/2002, S. 151–164.

Schneider, Gerhard: Neue Inhalte für ein altes Unterrichtsfach. Überlegungen zu einem alternativen Curriculum Geschichte in der Sekundarstufe I, in: Demantowsky, Marko/Schönemann, Bernd (Hrsg.): Neue geschichtsdidaktische Positionen (Dortmunder Arbeiten zur Schulgeschichte und zur historischen Didaktik 32), Bochum 2002, S. 119–142.

Schönemann, Bernd: Lehrpläne, Richtlinien, Bildungsstandards, in: Günther-Arndt, Hilke/Zülsdorf-Kersting, Meik (Hrsg.): Geschichts-Didaktik. Praxishandbuch für die Sekundarstufe I und II, 6., überarbeitete Neuauflage, Berlin 2014, S. 50–66.

Leib/Leiblichkeit

Dederich, Markus: Körper, Kultur und Behinderung. Eine Einführung in die Disability Studies, Bielefeld 2007.

Merleau-Ponty, Maurice: Phänomenologie der Wahrnehmung, Berlin 1966.

Völkel, Bärbel: Inklusive Geschichtsdidaktik. Vom inneren Zeitbewusstsein zur dialogischen Geschichte, Schwalbach/Ts. 2017.

Materialität

Collingwood, Robin George: The Idea of History, 7. Auflage, Oxford 1966.

Lowenthal, David: The Past is a Foreign Country, New York 1985.

Norden, Jörg van: „We do not need certainty?", in: Zeitschrift für Geschichtsdidaktik, Heft 17/2018, S. 9–26.

Medien historischen Lernens

Buchsteiner, Martin/Lorenz, Tobias/Scheller, Jan: Medien analysieren im Geschichtsunterricht. Kompetenzorientierte und binnendifferenzierte Aufgaben für Karten, Bilder, Plakate, Karikaturen, Schemata, gegenständliche Quellen, Statistiken, Texte und Lieder, Frankfurt a.M. 2018.

Pandel, Hans-Jürgen/Schneider, Gerhard (Hrsg.): Handbuch Medien im Geschichtsunterricht, 6., erweiterte Auflage, Schwalbach/Ts. 2011.

Sauer, Michael: Geschichte unterrichten. Eine Einführung in die Didaktik und Methodik, 10., aktualisierte und erweiterte Auflage, Seelze 2012.

Narration

Norden, Jörg van: Was machst du für Geschichten? Didaktik eines narrativen Konstruktivismus. Freiburg 2011.

Rüsen, Jörn: Historische Orientierung. Über die Arbeit des Geschichtsbewußtseins, sich in der Zeit zurechtzufinden, 2. Auflage, Schwalbach/Ts. 2008.

Seidensticker, Mike: Werbung mit Geschichte. Ästhetik und Rhetorik des Historischen, Köln/Weimar/Wien 1995.

Operatoren

Adamski, Peter: Binnendifferenzierung im Geschichtsunterricht. Aufgaben, Materialien, Lernwege, Seelze 2017.

Buchsteiner, Martin u.a.: Operatoren im Fach Geschichte, Greifswald 2018.

Wenzel, Birgit: Aufgaben im Geschichtsunterricht, in: Günther-Arndt, Hilke (Hrsg.): Geschichtsmethodik. Handbuch für die Sekundarstufe I und II, Berlin 2007, S. 77–86.

Personalisierung/Personifizierung

Bergmann, Klaus: Personalisierung. Personifizierung, in: Bergmann, Klaus u.a. (Hrsg.): Handbuch der Geschichtsdidaktik, Seelze-Velber 1992, S. 268–271 [rekurrierend auf: Ders., Personalisierung im Geschichtsunterricht – Erziehung zu Demokratie?, Stuttgart 1972].

Buchsteiner, Martin/Lorenz, Tobias/Must, Thomas: Unterschätzte Prinzipien im Geschichtsunterricht: Personalisierung/Personifizierung und Alterität/Fremdverstehen, Greifswald 2017.

Friedeburg, Ludwig von: Das Geschichtsbild der Jugend (Überblick zur wissenschaftlichen Jugendkunde 7), 2. Auflage, München 1970.

Perspektivität

Bergmann, Klaus: Multiperspektivität. Geschichte selber denken, Schwalbach/Ts. 2000.

Brieske, Rainer: Multiperspektivität – Kontroversität – Pluralität. Die Vielfalt von Geschichte(n) als Unterrichtsprinzip, in: Praxis Geschichte, Heft 5/2014, S. 29–32.

Lücke, Martin: Multiperspektivität, Kontroversität, Pluralität, in: Ders./Barricelli, Michele (Hrsg.): Handbuch Praxis des Geschichtsunterrichts, Band 1, Schwalbach/Ts. 2012, S. 281–288.

Problemorientierung

Bergmann, Klaus/Pandel, Hans-Jürgen: Geschichte und Zukunft. Didaktische Reflexionen über veröffentlichtes Geschichtsbewusstsein, Frankfurt a.M. 1975.

Uffelmann, Uwe: Neue Beiträge zum Problemorientierten Geschichtsunterricht, Idstein 1999.

Henke-Bockschatz, Gerhard: Professionalisierung des Lehrerhandelns am Beispiel des problemorientierten Geschichtsunterrichts, in: Popp, Susanne u. a. (Hrsg.): Zur Professionalisierung von Geschichtslehrerinnen und Geschichtslehrern. Nationale und internationale Perspektiven (Beihefte zur Zeitschrift für Geschichtsdidaktik 5), Göttingen 2013, S. 97–115

Quellen

Baumgart, Winfried/Becker, Winfried (Hrsg.): Quellenkunde zur deutschen Geschichte der Neuzeit von 1500 bis zur Gegenwart, Darmstadt 2005.

Brandt, Ahasver von: Werkzeug des Historikers. Eine Einführung in die historischen Hilfswissenschaften, 18. Auflage, Stuttgart 2012.

Landwehr, Achim: Die anwesende Abwesenheit der Vergangenheit. Essays zur Geschichtstheorie, Frankfurt a. M. 2016.

Race

Arndt, Susan: Die 101 wichtigsten Fragen: Rassismus, München 2015.

Brüning, Christina/Deile, Lars/Lücke, Martin (Hrsg.): Historisches Lernen als Rassismuskritik, Schwalbach/Ts. 2016.

Geulen, Christian: Geschichte des Rassismus, 2., durchgesehene Auflage (C. H. Beck Wissen 2424), München 2014.

Realismus

Gerber, Doris: Analytische Metaphysik der Geschichte. Handlungen, Geschichte und ihre Erklärung, Berlin 2012.

Holzkamp, Klaus: Sinnliche Erkenntnis. Historischer Ursprung und gesellschaftliche Funktion der Wahrnehmung, Frankfurt a. M. 1973.

Tomasello, Michael: Die kulturelle Entwicklung des menschlichen Denkens. Zur Evolution der Kognition, Frankfurt a. M. 2002.

Sinnbildung

Norden, Jörg van: Wir machen uns etwas aus der Geschichte. Theodor Lessing – Ein Konstruktivist der ersten Stunde?, in: Geschichte für heute, Heft 1/2014, S. 46–64.

Lessing, Theodor: Geschichte als Sinngebung des Sinnlosen, München1919 [neue und stark veränderte Auflage, Leipzig 1927].

Rüsen, Jörn: Historische Orientierung. Über die Art des Geschichtsbewusstseins, sich in der Zeit zurechtzufinden, Köln 1994.

Sprache

Barricelli, Michelle: Schüler erzählen Geschichte: narrative Kompetenz im Geschichtsunterricht, Schwalbach/Ts. 2005.

Bertram, Christiane/Kolpatzik, Andrea (Hrsg.): Sprachsensibler Geschichtsunterricht. Von der Theorie über die Empirie zur Pragmatik, Frankfurt a. M. 2019.

Zeitschrift für Geschichtsdidaktik, Heft 14/2015 (Sprache und historisches Lernen).

Themenstrukturierung

Barricelli, Michele: Thematische Strukturierungskonzepte, in: Hilke Günther-Arndt (Hrsg.): Geschichtsmethodik. Handbuch für die Sekundarstufe I und II, Berlin 2008, S. 47–62.

Lorenz, Chris: Der letzte Fetisch des Stamms der Historiker. Zeit, Raum und Periodisierung in der Geschichtswissenschaft, in: Esposito, Fernando (Hrsg.): Zeitenwandel. Transformationen geschichtlicher Zeitlichkeit nach dem Boom, Göttingen 2017, S. 63–92.

Pandel, Hans-Jürgen: Didaktische Darstellungsprinzipien. Ein alter Sachverhalt im neuen Licht, in: Bernhardt, Markus/Henke-Bockschatz, Gerhard/Sauer, Michael (Hrsg.): Bilder – Wahrnehmungen – Konstruktionen. Reflexionen über Geschichte und historisches Lernen, Schwalbach/Ts. 2006, S. 152–168.

Theorie

Bracke, Sebastian u. a.: Theorie des Geschichtsunterrichts (Geschichtsunterricht erforschen 9), Frankfurt a. M. 2018.

Rüsen, Jörn: Historik und Didaktik. Ort und Funktion der Geschichtstheorie im Zusammenhang von Geschichtsforschung und historischer Bildung, in: Kosthorst, Erich (Hrsg.): Geschichtswissenschaft. Didaktik – Forschung – Theorie, Göttingen 1977, S. 48–64.

Norden, Jörg van/Schürenberg, Wanda (Hrsg.): Lernprogression narrativer Kompetenz im Geschichtsunterricht. Ein Vergleich von Waldorf- und Regelschule, Frankfurt a. M. 2019.

Triftigkeit

Barricelli, Michele: Schüler erzählen Geschichte. Narrative Kompetenz im Geschichtsunterricht, Schwalbach/Ts. 2005.

Rüsen, Jörn: Historisches Erzählen als geschichtsdidaktisches Prinzip, in: Behre, Goran/Norborg, Lars-Arne (Hrsg.): Geschichtsdidaktik – Geschichtswissenschaft – Gesellschaft, Stockholm 1985, S. 63–82.

Welskopp, Thomas: Historische Erkenntnis, in: Budde, Gunilla/Freist, Dagmar/Günther-Arndt, Hilke (Hrsg.): Geschichte. Studium und Beruf, Berlin 2008, S. 123–137.

Urteilsbildung

Buchsteiner, Martin/Düwel, Jan: Urteile im Geschichtsunterricht, in: geschichte für heute, Heft 3/2020.

Gautschi, Peter: Guter Geschichtsunterricht: Grundlagen, Erkenntnisse, Hinweise, Schwalbach/Ts. 2009.

Jeismann, Karl-Ernst: Geschichte und Bildung. Beiträge zur Geschichtsdidaktik und zur Historischen Bildungsforschung, herausgegeben von Wolfgang Jacobmeyer und Bernd Schönemann, Paderborn u. a. 2000.

Rüsen, Jörn: Werturteile im Geschichtsunterricht, in: Bergmann, Klaus u. a. (Hrsg.): Handbuch der Geschichtsdidaktik, 5., überarbeitete Auflage, Seelze-Velber 1997, S. 304–308.

Weymar, Ernst: Werturteile im Geschichtsunterricht, in: Geschichte in Wissenschaft und Unterricht, Heft 21/1970.

Verstehen

Bollnow, Otto Friedrich: Über das kritische Verstehen, in: Deutsche Vierteljahrsschrift für Literaturwissenschaft und Geistesgeschichte, Heft 22.1/1944, S. 1–29.

Reusser, Kurt/Reusser-Weyeneth, Marianne (Hrsg.): Verstehen. Psychologischer Prozess und didaktische Aufgabe, Bern u. a. 1994.

Zeitschrift für Didaktik der Gesellschaftswissenschaften, Heft 1/2017 (Verstehen) [insb. Beitrag von Peter Gautschi].

Wissen

Berger, Peter L./Luckmann, Thomas: Die gesellschaftliche Konstruktion der Wirklichkeit. Eine Theorie der Wissenssoziologie, 26. Auflage, Frankfurt a. M. 2016.

Norden, Jörg van: Lob eines narrativen Konstruktivismus, in: Geschichte in Wissenschaft und Unterricht, Heft 12/2009, S. 734–741.

Geiss, Peter: Objektivität als Zumutung. Überlegungen zu einer postnarrativistischen Geschichtsdidaktik, in: Zeitschrift für Geschichtsdidaktik, Heft 17/2018, S. 27–41.

Zeit

Norden, Jörg van: Geschichte ist Zeit. Historisches Denken zwischen Kairos und Chronos – theoretisch, pragmatisch, empirisch (Geschichte Forschung und Wissenschaft 49), Berlin 2014.

McTaggart, Ellis/McTaggart, John: Die Irrealitat der Zeit, in: Zimmerli, Walter Ch./Sandbothe, Mike (Hrsg.): Klassiker der modernen Zeitphilosophie, Darmstadt 1993, S. 67–86.

Wilschut, Arie: Images of time. The role of a historical consciousness of time in learning history, Charlotte 2012.

Zeitzeug*innen

Ballis, Anja/Barricelli, Michele/Gloe, Markus: Interaktive digitale 3-D-Zeugnisse und Holocaust Education – Entwicklung, Präsentation und Erforschung, in: Ballis, Anja/Gloe, Markus (Hrsg.): Holocaust Education Revisited: Wahrnehmung und Vermittlung – Fiktion und Fakten – Medialität und Digitalität (Reihe Holocaust Education – Historisches Lernen – Menschenrechtsbildung), Wiesbaden 2019, S. 403–436.

Bertram, Christiane: Zeitzeugen im Geschichtsunterricht: Chance oder Risiko für historisches Lernen? Eine randomisierte Interventionsstudie, Schwalbach/Ts. 2017.

Geschichte lernen, Heft 184/2018 (Zeitzeugen und Oral History).

Wierling, Dorothee: Oral History, in: Bergmann, Klaus u. a. (Hrsg.): Handbuch der Geschichtsdidaktik, 5., überarbeitete Auflage, Seelze-Velber 1997, S. 236–239.

Zukunft

Hölscher, Lucian: Die Entdeckung der Zukunft, Frankfurt a. M. 1999.

Bergmann, Klaus/Pandel, Hans-Jürgen: Geschichte und Zukunft, Frankfurt a. M. 1975.

Radkau, Joachim: Geschichte der Zukunft: Prognosen, Visionen, Irrungen in Deutschland von 1945 bis heute, München 2017.

Reckwitz, Andreas: Zukunftspraktiken. Die Zeitlichkeit des Sozialen und die Krise der modernen Rationalisierung der Zukunft, in: Becker, Frank (Hrsg.): Die Ungewissheit des Zukünftigen. Kontingenz in der Geschichte, Frankfurt a. M./New York 2016, S. 115–135.

Stichwortverzeichnis

Bildquellenverzeichnis

Coverfoto: Erstellt durch die Abteilung eLearning.Medien | Team Medienpraxis der Universität Bielefeld im Auftrag der Herausgeber*innen des vorliegenden Bandes;

S. 9, Abb. 1: Fish Is Fish © 1970 by Leo Lionni, © renewed 1998 by Leo Lionni. /aus: Leo Lionni, Fisch ist Fisch © 1970, 2004 Beltz & Gelberg in der Verlagsgruppe Beltz, Weinheim Basel;

S. 11, Abb. 2: © akg-images;

S. 13, Abb. 3:© Berchtesgaden/ stock.adobe.com;

S. 15, Abb. 4: © Federico Rostagno/ stock.adobe.com,

S. 17, Abb. 5: © akg-images/Erich Lessing;

S. 19, Abb. 6: © Thomas Must;

S. 21, Abb. 7: © Rodney Throniker;

S. 23, Abb. 8: © Ostmann, Johanna, „Das Erbe", 2019;

S. 25, Abb. 9: © Akademie der Künste, Berlin, Kunstsammlung, Inv.-Nr.: KS-Foto 803;

S. 27, Abb. 10: © Peter Riedel;

S. 29, Abb. 11: Jörg van Norden;

S. 31, Abb. 12: © akg-images/ historic-maps;

S. 33, Abb. 13: Jörg van Norden;

S. 35, Abb. 14: © Hema Maps Pty Ltd;

S. 37, Abb. 15: © akg-images/ L. M. Peter;

S. 39, Abb. 16: © akg/John Parrot/ Stocktrek Images;

S. 41, Abb. 17: © imago images/ Schöning;

S. 43, Abb. 18: © Bildarchiv Foto Marburg/Reinhart Koselleck;

S. 45, Abb. 19: ©Johanna van Norden;

S. 47, Abb. 20: AKG/Sarah Leyck s.leyck@akg-images.de;

S. 49, Abb. 21: dmuschke@ googlemail.com/abdlh.nrl@hotmail.de;

S. 51, Abb. 22: Josef Deisboeck <Josef.Deisboeck@gettyimages. com>; csa.media.glr@gettyimages. com;

S. 53, Abb. 23: © Henning Langenheim/akg-images;

S. 55, Abb. 24: Foto Peter Riedel – Verzeichnis der in der höheren Schule zu lernenden Geschichtszahlen, 1939. Gemeinfrei

S. 57; Abb. 25: Wanda Schürenberg – privat zur Verfügung gestellt von Autorin, Grafik (Gender-Sternchen weiß auf schwarz);

S. 59, Abb. 26: © akg-images;

S. 61, Abb. 27: © „By Sound" Garretón & Kaulen 2020;

S. 63, Abb. 28: © akg-images/VIEW Pictures/James?Brittain;

S. 65, Abb. 29: Gesicht Zeigen! Für ein weltoffenes Deutschland e.V.;

S. 67, Abb. 30: © Jörg van Norden;

S. 69, Abb. 31: © Rodney Throniker;

S. 71, Abb. 32: © picture alliance/ imageBROKER;

S. 73, Abb. 33: brechtold.christine@ dpa.com;

S. 75, Abb. 34 s. https://copyheart. org/;

S. 77, Abb. 35: © mauritius images/ Amer ghazzal/Alamy © VG Bild-Kunst, Bonn 2020;

S. 79, Abb. 36: © Tomekbudujedo-mek/Getty Imges;

S. 81, Abb. 37: Open Access Image from the Davison Art Center, Wesleyan University (photo: T. Rodriguez);

S. 83, Abb. 38: © Christoph Rau;

S. 85, Abb. 39: © akg-images/Liszt Collection;

S. 87, Abb. 40: © Spencer Platt/ Getty Images;

S. 89, Abb. 41: © akg-images;

S. 91, Abb. 42: © Spencer Platt/ Getty Images;

S. 93, Abb. 43: © akg-images/ picture-alliance/dpa;

S. 95, Abb. 44: Anders Krisár, The Birth of Us (boy), 2006 – 07 Acrylic paint on polyester resin, fiberglass, oil paint, screw eye, steel wire, and wire lock, 41.8 × 33.3 × 12 cm Courtesy of the artist;

S. 97, Abb. 45: © Universität Biele-feld/Susanne Freitag,

S. 99, Abb. 46: © akg-images;

S. 101, Abb. 47: © Jörg van Norden;

S. 103, Abb. 48: ©Ikea Deutschland GmbH/Inter IKEA Systems B.V.;

S. 105, Abb. 49: © Deutsches Historisches Museum/A. Psille;

S. 107, Abb. 50: gemeinfrei, Veridicus christianus. Antverpiae : ex officina Plantiniana, MDCI [1601]. ETH-Bibliothek Zürich, Rar 8222, https://doi.org/10.3931/ e-rara-34430/Public Domain Mark;

S. 109, Abb. 51: © akg-images/Sputnik;

S. 111, Abb. 52: © akg-images/ Jürgen Sorges;

S. 113, Abb. 53: © picture alliance/ chromorange;

S. 115, Abb. 54: © Benjamin Gimmel;

S. 117, Abb. 55: © WestPic/stock.ad-obe.com;

S. 119, Abb. 56: © Granger Historical Picture Archive/Alamy Stock Foto;

S. 121, Abb. 57: © Suada Beganovic/ Sophie Dambitsch/Lea Kröner/ Laura Naegele;

S. 123, Abb. 58: © goir/stock.adobe. com;

S. 125, Abb. 59: Léon-Eugène Méhédin (French, 1828 – 1905) Artillery Depot. Retaken Russian Battery. (Parc d'Artillerie. Batterie russe repechee), 1855, Salted paper print 25.4 × 31.9 cm (10 × 12 9/16 in.), 84.XM.395.12 The J. Paul Getty Museum, Los Angeles;

S. 127, Abb. 60: © akg-images/ Fototeca Gilardi;

S. 129, Abb. 61: © akg-images/ picture-alliance/Heinz Ducklau;

S. 131, Abb. 62: gemeinfei – Nürn-berger Trichter (Postkarte), 1904;

S. 133, Abb. 63: © Johanna van Norden;

S. 135, Abb. 64: © Birdling Films;

S. 137, Abb. 65: Motiv Fritz Eisel/ Fotograf Lars Deile

Textquellenarbeit praktisch gestalten

Quellenarbeit ist die Grundlage des Geschichtsunterrichts in Deutschland. In diesem Buch geht es nicht um allgemeine, theoretische oder historische Darlegungen, sondern um Hinweise für die praktische Gestaltung von Textquellenarbeit. Es will Basiskenntnisse, Grundeinstellungen, Qualitätsmaßstäbe und Methoden vermitteln, die für gute Textquellenarbeit notwendig sind.

In Kapitel 1 werden die konzeptionellen Grundlagen von (Text-)Quellenarbeit und Kompetenzen erläutert, die den Schülerinnen und Schülern vermittelt werden sollen. Kapitel 2 behandelt den Quellenwert einzelner Untergattungen und die methodischen Implikationen, die sich daraus ergeben. Kapitel 3 befasst sich mit der Realisierung von Textquellenarbeit und begründet die Standards, an denen sich ‚best practice' orientieren sollte.

Alle Preise zzgl. Versandkosten, Stand 2020

Fachbuch

Unser Leserservice berät Sie gern:
Telefon: 05 11/4 00 04 -150
Fax: 05 11/4 00 04 -170
leserservice@friedrich-verlag.de

www.klett-kallmeyer.de

Historisches Lernen mit Filmen

ELISABETH DEMLEITNER,
CHRISTEL BECK-ZANGENBERG (HRSG.)

Filme im Geschichtsunterricht

Unterrichtsideen für
die Sekundarstufe I und II

16 x 23 cm, 240 Seiten,
+ Downloadmaterial

ISBN 978-3-7727-1368-2, € 29,95

Filme gehören mehr denn je zur alltäglichen Lebenswelt von Jugendlichen. Spielfilme mit historischen Inhalten prägen wie kaum ein anderes Medium unsere Vorstellungen von Geschichte. Die vermeintlich authentischen Bilder und die hohe emotionale Qualität der Filme bergen jedoch die Gefahr, als getreue Abbildung der Realität wahrgenommen zu werden.

Der Praxisband bietet eine Einführung in grundlegende Methoden der Filmanalyse und einen Überblick über populäre Spielfilme der letzten Jahrzehnte, die sich für den Einsatz im Unterricht an weiterführenden Schulen eignen. Ausgewählte Filme aller Epochen werden methodisch-didaktisch analysiert und für den Unterricht aufbereitet. Dabei liegt der Schwerpunkt auf der Geschichte des 20. Jahrhunderts.

Unser Leserservice berät Sie gern:
Telefon: 05 11/4 00 04 -150
Fax: 05 11/4 00 04 -170
leserservice@friedrich-verlag.de

www.klett-kallmeyer.de